All Voices from the Island

島嶼湧現的聲音

判決的艱難

兒童性侵的爭議與正義

陳昭如——著

目次

一、荒原 7
二、被侵犯的尊嚴 15
1 不再沉默的聲音 15
2 真相的模樣 25
三、記憶與蒼涼 39
1 陪他們一段 39
2「他們」與「我們」 53
四、折翼的天使 71
1 身體與慾望 71

2 走進法庭 86

五、變色的童年 103
1 南國菩薩 103
2 玫瑰往事 122

六、懲罰 137
1 獵巫 137
2「魔鬼」辯護人 156
3 罪的重量 167

七、科學證據的兩面刃 183
1 DNA會說話？ 184
2 測謊結果不說謊？ 192
3 驗傷（處女膜）的迷思 199

4 創傷後壓力症候群（PTSD）的鑑定 207

八、那些不被傾聽的 215

1 謊報與認錯 215

2 痛苦的單向性 226

九、有罪無罪，誰說了算？ 235

1 法律守門員 235

2 法官難為，為難法官 248

3 把「人」放在「法」的前面 262

十、不完美的正義 281

無罪推定的道德意義 李茂生 288

一、荒原

「四月是最殘忍的月分／在死地中長出了紫丁香／把回憶與慾望揉合在一起／讓春雨催促著遲鈍的根芽」[1]

二〇二〇年四月，在T．S．艾略特筆下最殘忍的時節，我收到一封措辭嚴厲的來信：「過去一直很欽佩你替性侵被害人發聲，讀了你的《無罪的罪人》[2]之後，我發現我看錯你了。法院都判那個狼師有罪了，你憑什麼說他無辜？你有什麼證據？你比法官、檢察官厲害嗎？你有想過被害小孩跟她家人的心情嗎？……你是應該站在被害人立場的人，為什麼要替加害人說話？你怎麼對得起過去相信你的人？」

面對這一連串的質疑，我不知該如何回答，更不知該從何說起。

撰寫校園性侵案《沉默》[3]、《沉默的島嶼》[4]的緣故，我傾聽過飽受創傷、無法平復的年幼被害人的聲音，也見識過陰險狡詐、死不認錯的加害人的遁詞。那麼極度的醜惡是如此頻仍地發生，情節溢出一般對善惡邊界的想像，若不是得到當事人的充分信賴，我從不知道他們的無法訴說不是遺忘，而是壓抑，他們最大的痛苦未必來自性侵本身，而是沒人信任與傾吐的無助。他們很需要有人理解那樣的感受。

然而書寫性侵冤案《無罪的罪人》的過程，卻讓我驚覺法院判決依據的薄弱及蒐證的重重漏洞，不是沒有可能把無罪的許倍銘老師送進囚籠。就算許老師自始至終不曾認罪，終究不敵八歲智障女童指控他性侵的說詞，只得黯然吞下有罪判決。無罪對清白的人來說有多重要？旁觀者永遠不會知道。我只能揣測，那是一種超乎想像的疼痛，那樣的疼痛有如地獄，沒有人想當地獄的導遊。

因為許案的諸多疑點，促使我產生強烈動機想把整件事記錄下來。朋友善意提醒：「你確定要寫這個案子？不怕被人家丟雞蛋？」我不是沒有想過，在這個習於去脈絡理解事情的社會，我試圖以文字涉險替「狼師」平反的舉措，很可能讓人以為是替加害人解套，簡化被害人的痛苦，這讓我感到惶惑。某個輾轉反側的夜晚，我傳訊息給幼時被害的小帆（化名），告訴她我打算書寫這樣的題材，想聽聽她的想法。善解人意的小帆很快回覆：「我不希望再有人受害，也不希望有人被冤枉……阿姨，我支持你！」那夜，我終於穩穩當當睡了一覺。

當然，不是每個人都像小帆這麼想。《無罪的罪人》面世以來，各界的批評指教不曾問斷，就連部分友人亦頗有微詞，甚至視該書為臺灣性平運動的反挫。這樣的反應讓我赫然驚覺，原來性侵冤案就像不能說的「佛地魔」，尤其像我這樣被標籤為「站在被害人立場」的寫作者，甘冒政治不正確的風險替「加害人」發聲，自是惹來不少質疑。但我不明白，面對有爭議的案件，難道沒有討論的空間？「性侵案」與「性侵冤案」只能是零和關係嗎？

在探討這些問題之前，必須先檢視一個基本前提：如何確認性侵害案件的發生？

通常性侵害案件發生在密室，現場只有加害人與被害人，鮮少有直接明確的人證或物證（驗得到DNA的不多），如果被害人與加害人的說詞迴異，當事人又是兒童或身

---

1 出自T・S・艾略特的詩作〈荒原〉。

2《無罪的罪人：迷霧中的校園女童性侵案》，陳昭如，春山，二〇一九。描述二〇〇八年特教老師許倍銘在證據極為薄弱的情況下，被法院認定性侵八歲智障女學生，判刑五年十個月。

3《沉默：台灣某特教學校集體性侵事件》，陳昭如，我們，二〇一四。內容描述特教學校學生因校方管理疏失，造成上百起性平案件的悲劇，已絕版。二〇二二年重新改版，更名為《沉默：特教學校集體性侵事件》，由春山出版印行。

4《沉默的島嶼：校園性侵事件簿》，陳昭如，人本基金會，二〇一八。描述四起校園狼師性侵案從案件爆發到聲請國賠成功的經過。

心障礙者，囿於認知與表達能力的限制，說法很難被採信，不起訴或無罪的案例並不罕見。

二〇一三年，某女童稱遭繼父性侵上百次，一、二審判刑二十八年，更一審以女童說法前後不一，以及作為補強證據的哥哥說法「未親眼目睹事實」，不足以採信，最後改判無罪確定。這個判決引發倡議人士強烈不滿：

太多的「法匠」只繞在法條的構成要素，以自己有限的生活經驗在審理性侵害案件。這位「歸零」法官認為，個案對性侵害次數「前後指述不一」；補強證據的證人哥哥並未親眼見聞強制性交之事實，欠缺關聯性；補強證據的心理衡鑑結果和性侵害事件不具有全等的關聯性。事實上，個案因承受龐大壓力，又被性侵上百次，性侵、訴訟歷經十幾年，要如何要求她「陳述一致」？性侵受害者言詞反覆是典型症狀。還有，司法人員訊問能力也會造成很大影響，每次訊問都不一樣，要被害人怎麼回答一致？

令人感慨的是，《性侵害犯罪防治法》已施行二十一年了，為何法官無法理解性侵被害人的脆弱處境？卻要求她／他們證詞一致？令人啼笑皆非的是，也有指述一致的個案被質疑：你怎麼記得如此清楚？難道法官是自由心證在審理性侵害案件嗎？請問法官，審理的證據法則在哪裡？對於法官不採信補強證據，也讓人搖頭。

性侵害是密室案件，若要以有親自聽聞的證人為指標，那是否意謂著所有性侵被害人不用進入司法討公道了？[5]

諸多血淚斑斑的故事告訴我們，確實是有法官無法擺脫個人偏見，做出值得商榷的判決。然而判決不能只有主觀認定，更必須有客觀事實，客觀事實就是證據，而且是法律認可的證據，就算被害人說得再聲嘶力竭，再多的懷疑，都不能當作證據。這樣的判決邏輯常讓人感到困惑，明明被害是血淋淋的事實，為什麼一句「證據不足」，就足以讓加害人安全下莊？這公平嗎？

莫明其妙被冤屈推擠著、成了人神共憤的「加害人」處境，又何嘗不是如此？冤獄平反協會自二〇一二年成立以來，手上已有超過千件的喊冤案件，其中有將近四分之一是性侵害案件，目前只有七起案件立案，僅有一件無罪平反，案件難以平反的原因，正好與性侵害案件難以定罪的理由如出一轍：只有被害人與加害人說詞，沒有其他證據，

5〈司改還給性受害者司法正義了嗎〉，紀惠容，《蘋果新聞網》，二〇一八年八月十二日，https://tw.appledaily.com/forum/20180812/PKKO637UIWJKFL446LJLVPKX4I/。

只能依賴大量情狀、臆測或推理建構犯罪事實。若因同情、貼近被害人而傾向相信被害人的說法，這對無辜的被告來說，又公平嗎？

司法制度的基本假設是，判定有罪或無罪必須仰賴證據，沒有合理、充分的證據，就不該判決有罪，這是無罪推定的基本原則，也是聯合國國際公約確認與保護的基本人權。它要保護的，是每個人受到公平審判的權利，一個人可能有罪，也可能無罪，如果最後被證明有犯罪行為，被判處有罪以後，就不再受到這個原則的保護。人們常以為透過嚴刑峻法、高起訴率及定罪率、甚至是透過輿論審判，便可有效減少（性）犯罪發生率，若是社會瀰漫著過度恐懼的情緒，看不見、也不願看見冤案的可能性，不但無助於解決犯罪問題，反而可能殃及無辜。尤其在這個資訊無所不在的時代，沒有根據、人云亦云的指控隨處可見，若是冤枉了無罪之人，就算最後法律還他們清白了，他們的人生還能重來嗎？當然不能。

值得注意的是，歷年來民調均顯示民眾對司法的信任度不高，同時卻又顯示民眾泰半支持死刑，這樣的矛盾令人不解——既然不信任法官的判斷，為何又支持法官判處死刑？我想，這是因為有罪判決既能滿足對正義感的需求，又能簡化對他人痛苦的感受，讓人得以輕率地對待事實。於是證據法則放寬了，無罪推定原則鬆懈了，冤案就發生了。

這就是性侵害案件判決的艱難，它牽涉到一個看起來非常簡單，實際上卻難以分析、也沒有標準解答的問題：性侵害案件的證據要到什麼程度，法院才會判決有罪？對性侵害案件的證據要求，可不可以和其他案件不一樣？如果一樣會怎麼樣？如果不一樣又會怎麼樣？

讓我們一起思索。

※作者附注：《刑法》規定男女性自主年齡是十六歲，也就是說，十六歲以下的人發生性行為，不管對象是否同意，都是觸犯了妨害性自主罪。本書主要案例均在探討十六歲以下被害人之性侵害案件，因此「合意與否」、「積極同意」等議題並不在討論範圍之內。

二、被侵犯的尊嚴

1 不再沉默的聲音

知道「陳潔皓」這個名字，是他自述幼年性暴力經歷的《不再沉默》。[1] 書剛出版時，經過媒體報導及轉載，我多少流覽過一些片段，基於難以言明的原因，或許只是單純的逃避，我一直沒有買來讀。被侵犯的羞辱、被背叛的痛苦、那種不知所措的處境、無能為力的孤獨，這些我已經很熟悉了，我不想再經歷一次撕心裂肺的痛楚。

直到那日，潔皓透過臉書與我聯繫：

昭如你好：冒昧加你朋友，希望你不介意。看到你寫的《沉默》一書，心中有許多深刻的感受與吶喊，感謝有你，為受害的孩子說話。謝謝你。潔皓。

我猶豫了一陣子，不知該如何回覆。

這些年來，偶有陌生人向我訴說令人屏息、不知所措的被害經驗。那麼多怨恨、悲傷、負疚，彷彿永遠不會離去的夢魘，就算我努力傾聽，能做的仍極其有限，面對這樣的交友邀請，我總是備感壓力。認真考慮了幾天，我才回信給他：

> 潔晧，很抱歉直到今天才答覆你的交友邀請。我不常上臉書，頁面亦乏善可陳，臉友都是認識的老朋友，希望你不介意。昭如

就這樣，我們成了臉友，但沒有任何互動。爾後我鼓起勇氣讀了《不再沉默》，透過他細膩的文字，很能感受那種深層的恐懼，以及勢單力薄的無力。幸而在妻子思寧的支持下，潔晧努力把訴說主體找了回來，召喚與安慰著擁有同樣經驗的人，柔聲告訴他們，你們並不孤單。我打從心底佩服這對夫妻。

偶然得知潔晧與思寧有公開演講，我事前沒有告知，兀自坐在臺下聆聽他們訴說那段有如黑洞般的過往。活動結束，我猶豫了一會，決定上前自我介紹：「你們好，我是陳昭如，寫《沉默》的那個……」潔晧整個人僵在那兒說不出話，思寧緊緊捉住我的手，當場哭出聲來。

經歷過創傷或瞭解創傷的人，總是感應得到彼此。從此，我們成了無話不談、親如家人的朋友。

近年來，潔皓與思寧有系統地譯介澳洲皇家調查委員會的兒童性侵害調查報告，[2]繪製臺灣第一部探討兒童性侵害繪本《蝴蝶朵朵》，[3]經常受邀參加性侵害防治講座。我聽過他們長達四小時的演講，既有個人經歷的分享，更有深度的理論研究，用功的思寧從兒童發展心理學的角度，剖析一般對兒童性侵害的誤解與迷思，足見他們對議題的熟稔與用心。

可是身為他們的好友，我總是擔心。他們私下花了很多時間陪伴被害人，而且是耗盡心力的那種陪伴，試圖安撫對方的焦慮與痛苦，我不確定甫踏上復原之路的潔皓是否

1《不再沉默》，陳潔皓，寶瓶文化，二〇一六。內容敘述作者三歲起遭受奶媽一家性暴力的親身經歷。

2 澳洲政府於二〇一二年組成「機構對兒童性侵害事件回應皇家調查委員會」，調查兒童相關組織（如學校、宗教機構、育幼院、青年感化院、運動俱樂部等）如何處理兒童性侵害事件，並於二〇一七年十二月發表最終調查報告，其中包含各類數據及分析，並提出四〇九項建議，讓各類兒童機構可以更有效預防、辨認、處理及舉發。這些數據和分析顯示加害人犯罪軌跡，包括如何挑選被害人、找到場域的縫隙下手，也透露什麼因素讓兒童置於險境，以及如何改善這些問題。

3《蝴蝶朵朵》，幸佳慧著，陳潔皓、徐思寧繪圖，字畝文化，二〇一九。

能承受這樣的壓力。他們約略提及某位被害人的狀況，對於無法提供協助感到沮喪，事情已經過去太久了，任何安慰或補救都於事無補。我委婉勸他們量力而為，不要勉強，潔晧立刻紅了眼眶：「可是，她只有我們了啊！」

我覺得自己好殘忍。

被害人最大的痛苦，未必是來自性侵害本身的折磨，而是沒有人信任與傾吐的無助，就像潔晧書上說的：

> 我記得小時候我向父母描述發生過什麼事，但因為他們沒有反應，所以雖然我很難過，但也感到說出來，不會有人在意。自此，我就把這些回憶放在心底深處，在成長過程裡，乃至於成人，我時常感到深刻的無助，覺得做任何事都無法改變現狀，任何事也都沒有意義……
>
> 但在恐慌和痛苦的情緒迷霧中，我記得太太總會在我需要她的時候，全心全意地陪伴安慰我，陪我度過最恐懼的那段時間……我感到一種原始的悲傷、理解與滿足，我沉浸在超越我能理解的神祕淚水裡，我感受到被療癒。[4]

人們談論性侵害的方式，就是被害人永遠不該談論它，彷彿這是他們的錯。面對漫無盡頭的前方，潔晧與思寧經歷過太多不為人知的絕望，就算面對摯友的我也鮮少透露。我一直以為與他們十分親近，什麼都可以聊，直到二〇二一農曆年期間看到思寧臉書的貼文：

……在復原的初期，潔晧吃不下，睡不著。他能活下來，比什麼都重要。面對已經粉碎一地的伴侶，我要先把所有的力氣，拿來照顧潔晧。這不是我可以脆弱的時候。大概就是這份信念，我把很多感受都延宕處理。

然而，延宕處理是要付利息的。

潔晧復原的歷程大概進入第四年時，我也快撐不下去。潔晧的身心狀況雖然已經穩定很多，但也談不上能好好生活。我記得當時他獨自在家中的話，依然會感到非常恐慌焦慮。再加上我們的存款快用光，香港的家裡也出現重大變故。一切壓力的累積，讓我也快倒下了。

痛苦的時間過得很慢。我忘記快樂是什麼。我失去了期待，遺失了快樂。我不知道明天有什麼意義。我每天在等待死亡的來臨。

4 同注1，頁九四。

作為性侵被害人的伴侶，我拚盡生命的力氣，尋找復原的方法，全心全意聆聽潔皓的所有痛苦。我希望能陪伴潔皓進入生命中最痛苦的忘卻之洞，擁抱所有受傷的時刻，讓他不再那麼孤單寂寞。但性侵被害人的痛苦如地獄之火，走進這片火海卻能全身而退只是無知的妄想。

當我意識到自己從山坡滑下時，巨大的無力感把我拉向更黑暗的地方。這彷彿證明了這四年的努力都是白費。我找不到指引，不知從何解釋這種感覺。我也會覺得自己沒有「資格」那麼痛苦，我不是當事人，卻為什麼那麼痛苦。

記得有一天我早上醒來，我坐在床上，不知為何，眼淚卻不停落下。我嚇到自己，也嚇到潔皓了。他很冷靜，他在安慰我，陪著我。突然我發現原來潔皓比我想像中強大了很多，不再那麼脆弱。我覺得他的身邊有著溫暖的光。我開始痛哭，沒有盡頭地哭。這是潔皓記起性侵後，我第一次在他面前讓自己的情緒被看見。

我知道我們要轉換生活節奏。我開始閱讀「替代性創傷」的文章。我開始探索性侵事件對被害人家屬的影響。我想讓潔皓和家人理解我的困境。

作為性侵被害人的伴侶，我的世界不停往下倒塌。伴侶身處火山口的深處，我拚命從火海中抓著他。我的生活被恐懼籠罩，深怕一個錯誤，一時鬆懈，潔皓就會陷入深淵，再也活不過來。……

我以為瞭解他們，原來我什麼都不懂。

尤其讓我驚訝的是，他們快撐不下去的階段，正是我們剛認識的時候。那陣子見面，他們總是笑語晏晏，怎麼從來沒聽他們提過？思寧羞赧一笑：「嗯……不知道要怎麼樣跟你說。不過知道有姐姐在，我們的心總是很安。」潔皓握住思寧的手，兩人同時對我燦然一笑。

生命總有出乎意料的安排。童年創傷固然讓潔皓一路跌跌撞撞，卻也成了創作《蝴蝶朵朵》的養分，以及參與兒童性侵害防治工作的動力。原本對陌生人恐懼的他得到眾多同理與支持，整個人變得愈發開朗明亮，多了笑容，也多了自信。走過死蔭的幽谷，潔皓很想成為被害人重要的他人，他想緊緊接住每個人，不願放手。

潔皓與思寧遇過不少被害人，聽了他們的生命經歷與感受，以為自己能做的就是陪伴與傾聽，陪他們走過最脆弱的一段路。性侵害是很嚴重的指控，這關係到當事人一生的名譽，必須謹慎以對。潔皓說：

「我知道，要把這種事說出來很不容易，我相信他們不會無端指控人，指控必須承擔一定程度的風險與後果，而且說出來了會造成生活很大的混亂，這是直接影響生存的。特別是小孩子生存力不足，一旦把事情說出來會沒有退路，法律也無法保證你未來平安無事，所以有人出面指控加害人，我都會認真想知道他的想法。我經歷過那種世界分裂成兩半的危險，有人相信你，站在你這邊，有人不相信你，站在另一邊，那是很糟糕的感覺。」

「你有過這樣的經驗？」我問他。

「對啊。出書以後，我爸有個朋友跟我說，他跟我經歷過同樣的事，很能體會我的感受，我聽了很感動，也很願意相信他。後來我發現他每天跑去我爸（臉書）那邊留言、打招呼，我覺得沒有人可以信任了。他明明知道我的事，為什麼還這麼做？這種感覺很差，我覺得不知道要相信誰。」

「或許他覺得你爸只是不相信你，並不是真正下手的人，沒有那麼可惡。或許他們之間有工作往來，要考慮的事很多……」我試圖從對方的角度理解。

「你這樣的說法很合理，但是被害人的感受不是這樣，」思寧向我說明，「如果小孩子公開他的經驗，世界會裂成很多碎片，被迫進入司法程序不說，還必須承擔所有關係的決裂……所謂的『司法正義』對被害人造成的衝擊非常大。」

司法判決的結果有多重要？每個人的考量不同，答案也不一樣。就我個人所知，大部分被害人寧可保持沉默，也不願出面興訟，除了有身分曝光之虞，能否承受一再被詢問的壓力，也必須一併考量進去。我沒有直接陪同當事人進入司法程序的經驗，倒是聽了不少慘痛的故事：醫生在驗傷時對被害人母親說：「你女兒才國中就得性病，你怎麼不好好管管她啊？」警察在做筆錄時問道：「你被性侵？真的嗎？可是看起來還好啊！」「你可不可以說快一點，不要想那麼久？我要下班了。」法官甫開庭便直言：「你們要多少錢才願意和解？如果要太多的話，被告也付不起！」

漫長磨人的訴訟過程，以及司法程序的不夠友善，常讓脆弱的被害人決定噤聲不語。就算少數被害人勇敢現身，控訴不義，也常陷在既有體制的缺陷裡，遍尋不著出路。

我問潔晧是否考慮過提告？他很快搖搖頭說，已經過了二十年追訴期，沒辦法告了，就算可以，他也沒有意願。選擇法庭攻防必須付出很大的代價，這個代價不只是時間或金錢，他不確定自己是否付得起。

以前聽愛林（化名）說過，她小六時出面指控加害她的老師，鄰居罵她害老師丟了飯碗，破壞全村和諧，就連法官都暗示最好和解，不要製造大家的困擾。愛林掙脫了老師的魔掌，卻逃不了周遭閒言閒語，說她「被搞」、「愛打炮」。她希望爸媽搬離這個傷心之地，每每話才到了嘴邊，就硬生生吞了回去。她心裡明白，若是搬離了小村，爸媽找不到工作，生活將無以為繼。她開始後悔為什麼要把事情說出來？明明是被害人，為什麼在別人眼中成了害人的人？是不是她做錯了什麼，大家要這樣罵她？親族的信任與感情的依附，一直是愛林保持內在平穩的重要元素，這樣的關係很像壓力鍋，當性侵害事件引爆的衝突浮上檯面，這樣的依附可能會受到危害。年紀小小的她必須在情感與生活的動盪中重尋平衡，但，可能嗎？

「對大部分被害人，尤其對小孩子來說，他面對的是『求生』，如果要他出面控告，是否有利於生存？」潔晧思考了好一會兒，謹慎說道：「以家內性侵來說，最後就算被判刑了，可能會讓家庭經濟陷入困境，造成家人關係破裂。你想，出面舉發的小孩子會遭到什麼對待？如果證據不足，最後被判無罪，家人可能會罵小孩子說，都是你要搞得那麼大，搞到最後什麼都沒有，這對小孩子來說，要付出的代價太高了。」

「你不相信司法可以還被害人公道？」我問。

「那麼久以前的事情，怎麼證明？被懷疑一定會很難過。不過我給自己設下底線，那就是司法不是結果，只是大家比拚資源的地方，如果你沒有資源，進去法庭未必有利，你可能有機會去講你想講的事情，不代表最後結果是你想要的。」

我完全理解潔晧的顧慮。每次眾所矚目的性暴力案件浮出檯面，最後不起訴或獲判無罪，經常出現嘲笑被害人的言論，批評他們胡說八道，彷彿只有經過法院認可的判決才是真相。他們難道不知道，世上就是有這麼多被害人被迫吞下屈辱與惡意嗎？

如果法院不是被害人最終的庇護所，那麼哪裡才是呢？

2 真相的模樣

看了HBO描述一起性侵疑雲的紀錄片《伍迪艾倫父女之戰》（*Allen v. Farrow*）。說明一下事件背景。伍迪・艾倫（Woody Allen）與米亞・法羅（Mia Farrow）結婚時，法羅已有八名養子女，包括曾經流浪首爾街頭的順宜（Soon-Yi）。一九九一年，米亞・法羅在伍迪・艾倫的公寓發現裸照，主角就是順宜，伍迪・艾倫自認「沒有任何道德上的問題」，順宜也表現出對她「社會性父親」的全然支持，沒有任何猶豫。一九九二年，小兒科醫師懷疑他們的另一名養女迪倫（Dylan）被性侵，主動提出通報才讓事件曝光。

三十年來，這起性侵案件一直有兩個版本：其中一個版本，是養父伍迪・艾倫侵犯了七歲養女迪倫，另一個版本，是養母米亞・法羅唆使迪倫誣陷自己的養父。前面這個版本，是米亞・法羅和她的支持者提出來的，後面這個版本，則是伍迪・艾倫和他的支持者說的。耶魯紐海文醫院的兒童性虐待診所聲稱迪倫沒有被猥褻或性侵，但康乃狄克州警局卻指稱迪倫所言句句屬實，絕無捏造。這兩種說法明顯相互矛盾，你要相信哪一種？

《伍迪艾倫父女之戰》大量訪問相關當事人，公開許多首次曝光的法院文件、迪倫自述被性侵的影片、還有數量驚人的證人現身說法。至於事件的主角伍迪・艾倫則是拒絕受訪，並稱「這部紀錄片對事實不感興趣……在虛假的資訊裡拼湊惡毒誹謗」。

看了這部片子，我仍無法百分之百確定一九九二年康乃狄克州農莊的閣樓裡發生了什麼事，或者什麼事也沒有發生，不過承辦該案的康州檢察官法蘭克・馬可（Frank Maco）的說法，特別引起我的注意。他說，當年他有相當理由（probable cause）可以起訴伍迪・艾倫，可是他沒有這麼做，因為他想保護年幼的迪倫。他以米亞・法羅拍攝過一卷錄影帶記錄迪倫是如何描述出事的情節說：

> 我不接受任何人說「迪倫是受到母親操控才捏造出性侵」的說法，如果你看過錄影帶，看看小孩怎麼說出這些事的，這些都不是被母親操控說出來的，而是孩子真實說出來的話。米亞・法羅只不過是一位關心孩子的母親，沒有跡象顯示這是一個捏造出來的故事。[5]

法蘭克・馬可說，決定不起訴伍迪・艾倫是很艱困的決定。他很在意事實真相，但更在意迪倫的未來，「她的神智完全被抽走了，臉上只有冷冰冰的眼神，根本完全不看我一眼。」他不想讓這個脆弱的孩子經歷嚴酷的審訊，萬一法官質疑她為什麼不拒絕？為什麼不馬上告訴大人？是不是媽媽要她撒謊？這些問題對一個七歲的孩子來說，實在是太過頭了。

米亞與伍迪在爭奪迪倫監護權的過程中，承審法官威爾克（Elliott Wilk）指出，儘管無法確定是否發生了什麼事，「艾倫對迪倫的行為非常不恰當，迪倫必須受到保護。」他說，迪倫指控被侵犯的那日，保姆目睹艾倫把頭放在迪倫大腿根部，那時迪倫沒有穿內褲。保姆也發現，迪倫與艾倫同時不見，當她去尋找這對父女期間，沒人說得清楚他們在哪裡，除了迪倫，而迪倫說，性侵就是在這時發生的。最後迪倫的監護權判給了母親，至於真相是什麼？至今仍眾說紛云。[6]

無論真相是什麼，外界的紛紛擾擾，已讓迪倫的世界產生驚天動地的變化。她每次出門，就連上學都一樣，必須從後門溜出去，上了車，用毯子遮住頭，避免好事者或媒體發現她的行蹤。她出現創傷後壓力症候群，吃不下，睡不著，那時她只是個小學生而已。

---

5 'Prosecutor in Dylan Farrow's Sexual Abuse Allegation Case Against Woody Allen Reveals Why He Believes Her,' KC Baker, *PEOPLE*, March 17, 2021. https://people.com/movies/prosecutor-in-dylan-farrows-sexual-abuse-allegation-case-against-woody-allen-i-believe-her/

6 伍迪・艾倫在自傳《憑空而來》（黑體文化，二〇二二）中，對迪倫指控被他性侵一事提出迥然不同的說法。

三十年來，伍迪．艾倫始終否認他對迪倫做過踰矩的事，可是迪倫從來沒有改變過她的說詞，外界對她的攻擊與質疑亦不曾間斷。人們提起迪倫時的反應是，喔，就是那個被發狂媽媽要求誣告自己爸爸的小孩。

普利茲獎得主羅南．法羅（Ronan Farrow），伍迪．艾倫與米亞．法羅的兒子、迪倫的弟弟說，他一輩子都在逃避姊姊對爸爸做出的指控，而且於公於私都在逃避，他不希望別人一看到他就想到米亞．法羅或是迪倫，讓他想起那段黑暗的日子。他說，他不是不支持迪倫，卻承認自己表現得不夠堅定，這讓他們的姊弟關係纏繞了很多問題。直到羅南著手調查溫斯坦（Harvey Weistein）[7]的性醜聞，情況有了轉變。他打電話請教迪倫的意見，並針對當年案情訪問迪倫：

> 我一頭栽進了法庭紀錄，以及所有我能找得到的書面資料。根據迪倫七歲時所做成、後來也一再明確複述的筆錄，艾倫把她帶回我們康乃狄克老家，並在地板下方的一處爬行空間裡用手指侵犯了她。事實上在這之前，她便已經向一名治療師抱怨過艾倫對她有不當的碰觸（但這名由艾倫僱用的治療師直到後來上法庭，才把真相說出）……艾倫通過一個由律師與包商所組成的人脈網，僱用了根據某律師估計達十人以上的私家偵探，他們的任務是跟蹤執法的官員，蒐集他們酗酒或賭博的證

據……法蘭克．馬可後來描述那是「阻撓檢警辦案的行動」，而法蘭克的同事表示他不堪其擾。

我無意自詡我處理起姊姊的故事會有多客觀——我既關心她，也支持她——但我仍主張她的說詞是具有可信度的性虐待指控，而這類指控卻經常被好萊塢的業內媒體跟更廣大的新聞媒體給忽視。「這樣的沉默不僅在是非上有虧，而且還非常危險，」我寫道，「這傳遞給被害人的訊息是咬牙站出來一點也不值。這也讓大家看清了我們是什麼樣的社會，我們會視而不見哪些事情，會忽略誰，看誰重於泰山，誰又輕如鴻毛。」[8]

如今，那個七歲女孩已經三十五歲了，她與白髮蒼蒼、退休多年的法蘭克再度見面時，《伍迪艾倫父女之戰》記錄了這一刻。迪倫感嘆：「我很自責，我當時還不夠堅強！」法蘭克告訴她：「迪倫，我不希望聽到你這樣說。你那時還只是個孩子，如果有的話，

7 好萊塢製片人溫斯坦長年利用權勢在影視圈性侵騷擾女星，在九十多位受害女性挺身而出之後，被判處「三級強暴罪」和「一級性犯罪」，至於另外被控的「掠奪性性侵罪」和「一級強暴罪」皆未成立。

8《性掠食者與牠們的帝國》，頁四九，羅南．法羅著，鄭煥昇譯，臉譜，二〇二一。

請怪我，那是我決定的，我選擇的，你可以指責我『那個檢察官沒有起訴』！」說時眼角泛著淚光。

法蘭克．馬可沒有起訴伍迪．艾倫是否是個錯誤？沒有人知道。他同理迪倫，傾聽迪倫的聲音，站在迪倫的角度為她設想，或許這樣，就夠了。

被害人是否非得透過訴訟才能得到正義？我問過潔晧這個問題，他說，他不特別關心這點，他更在意的，是被害人是否有權決定要不要提告。

目前性侵害犯罪是公訴罪，代表性暴力是國家不容許的行為，一旦知悉有這樣的事，不論被害人同意與否，理應進入司法程序。《性侵害犯罪防治法》將醫事人員、社工人員、教育人員、保育人員、警察人員、勞政人員、移民業務人員、司法人員、矯正人員及村（里）幹事人員，全都列為責任通報者，並規定最遲不得超過二十四小時，應即通報當地直轄市、縣（市）主管機關性侵害防治中心。《兒童及少年福利與權益保障法》、《性別平等教育法》也將責任通報制列入，未盡責任通報者則必須接受罰鍰，[9]**只要發生疑似性侵害就會啟動相關機制，不需要獲得被害人的同意**。關於這點，熟稔兒童心理的思寧有著很深的困惑：

「今天小孩子進入通報系統，他的選擇權是什麼？很多小孩子進入通報系統，是在無預期的狀況之下被通報，這是法律的規定，也是保護網的一環。這種做法忽略了小孩子已經離開傷害環境一段時間，進入復原的階段，他決定說出自己的經歷，是想尋求復原的資源，沒想到卻進入無法預期的司法流程，而這個流程是不考慮復原或小孩子的意願，是不讓他選擇的。」

「受傷的本質是生命被剝奪了自主權，無法控制自己的身體。當小孩子離開了被傷害的環境，對生活再度有了主導權，可以掌控自己的人生，可是當他決定說出來，卻被迫進入司法系統，再度被剝奪了生命自主權，這是很不公平的事。兒童性侵害是自主權被剝奪的問題，受害的小孩子應該擁有控制生命主體的決定權，不能假司法之名，剝奪他們對自己的掌控！」

進入司法系統是由誰決定？被害兒童本身？監護人？還是國家？追訴期有沒有可能延長？是否可讓兒童成年之後再行決定是否提告？潔晧與思寧有很多疑問，因為他們覺得這是為了兒童的安全（例如他們的生存條件必須仰賴加害人，這種情況尤以家內性侵最多），也是尊重他們的生命主控權。

9「監察院一〇九年度（一〇九年八月至一一〇年七月）通案性案件調查研究報告」指出，教育人員面對校園性平事件時，容易出現兩極化的行為表現，一是採取凡事都通報的「卸責式通報」以避責，一是採取逃避的態度，拒絕接收到相關資訊避免通報。

《兒童權利公約》第十二條規定：「一、締約國應確保有形成自己意見能力之兒童有權就影響其本身之所有事物自由表示其意見，其所表示之意見應依其年齡及成熟度予以權衡。二、據此，應特別給予兒童在對自己有影響之司法及行政程序中，能夠依照國家法律之程序規定，由其本人直接或透過代表或適當之組織，表達意見之機會。」當相關政策或措施影響兒童權益時，決策過程就該將兒童的意見納入其中。監察院在調查某國中棒球教練性侵學生案[10]時發現，在全班學生幾乎悉數被害的情況下，只有兩位家長願意出面提告，其他家長則拒絕被調查。至於被害兒童的意願是什麼？他們的聲音在哪裡？我們不清楚，因為沒人問過他們的意見。

潔晧與思寧還提及一個鮮少被關注的問題，就是透過法律框架理解性侵害，反而可能降低兒童對不當性接觸的敏感度。目前「性猥褻」與「性侵害」的罪刑有所差距，應是立法者認為後者是侵入性行為，罪刑應該更重。性猥褻對孩子身心造成的戕害，果真比性侵害來得輕微嗎？思寧不認為如此：

「根據我對文獻的閱讀，以及對兒童被害人生命經歷的瞭解，小時候就算遭遇性猥褻，不是性侵害，傷害是一樣大的，但有的大人會說，陰莖沒有插入，所以不算太嚴重。我們經常收到信件問我們說，我小時候被人家做了什麼，我不確定這樣算不算性侵？如果我們不用『性猥褻』或『性侵害』這樣的字眼，而是換成『性虐待』的話，他們同樣都是被害人！」

《性侵害犯罪防治法》第二條「性侵害犯罪」是指《刑法》中的性交犯罪與猥褻犯罪。依照《刑法》第十條，「性交」不只限於用性器插入陰道，肛交、口交或是性器之間的碰觸，利用手指、其他身體部位或物品、器具插入陰道、肛門，也都算性交行為。至於猥褻則是指性交以外，足以使一般人興奮或滿足性慾的色情行為，例如強摸他人胸部、私密部位等。換言之，性侵害犯罪不只限於有插入行為，觸摸、碰觸或其他猥褻行為，也都算是性侵害犯罪。許多人不瞭解這點，仍以陰莖插入與否作為判斷嚴重與否的指標，會不會是誤解？

「我們一直在思考，法律上對『性侵害』的定義，或許是從大人的性互動而來，所以很在意有沒有『插入』，忽略了成長中小孩子的特殊性跟脆弱性。他們對性的理解與互動，是跟大人不一樣的，不應該以大人的標準套在他們身上。有些大人在教導小孩子保護身體的時候不瞭解這點，反而讓小孩子對別人觸碰身體的敏感度很低，只要沒有接觸到性器官，或是性器官沒有插入，好像就不是那麼嚴重的犯罪行為，這是我們比較擔心的地方。」思寧這麼告訴我。

10 同注9。

某次參加研討會，我注意到後方有名男子神情格外專注，那麼哀傷的眼神，那麼絕望的表情，我想，應該是被害人吧。果然，趁著中場休息，他怯生生走向我，說，有時間聊聊嗎？我領他走到場外無人一隅，毋須太多暖身或開場，他兀自語無倫次、片片斷斷說起一段傷心的過往。

「有人說我那樣不叫性侵，你覺得呢？」他問我。

「你覺得是不是？」我反問他。

「我不是很確定。那時我還很小，什麼都不懂。」

「可是你很不舒服，覺得很受傷，對不對？」

他沒出聲，但他的眼神告訴我，他覺得是。

「那個人不該這麼對你，不管那樣算不算性侵。」

「如果那樣不算性侵的話，或許我就不會那麼痛苦了。」

「不管他做了什麼，他都不該那麼做。他傷害了你，你當然會感到痛苦。你有告他嗎？」

「沒有。」

「你現在想告嗎？」

「告不告，已經沒有意義了。」

我們靜靜站了好一會，沒有人開口說一個字。

「我從來沒想到，我可以活到現在……」他長嘆了一口氣，「很難想像喔？」

「你很勇敢啊，我說真的。」

沉默再繼續，空蕩蕩的會場外，隱約傳來場內的發言聲。他收起滿漲的情緒，露出一抹慘淡的笑意，「嗯，我也覺得我蠻勇敢的。」

過去我認為被害人出面指控是值得鼓勵、是增能的表現。聽了這位男性的故事，我才發現或許保持緘默，選擇隱蔽，也是他們的權利。站出來揭露真相，或許能得到正義，若是無法、或不願說出真相，也該得到絕對的尊重。沒有人能預測說出來的結果會是什麼？人們會怎麼想？哪些人會支持？哪些人會不同意？既然沒有人知道後果，當事人決定怎麼做，外人無庸置喙。

被害兒童選擇緘默，有時不是自願，而是被迫，因為知情的大人假裝沒這回事，不願出面處理，迫使孩子沉默了。這點在澳洲皇家調查報告裡一目瞭然。

二〇一七年，澳洲政府公布皇家調查報告，指出從一九五〇年至二〇〇〇年，澳洲有超過一萬七千名兒童受害，讓外界看見性侵害的各種樣貌及影響。這份厚達十七巨冊的調查報告最引起我注意的地方，是被害兒童發現原本信賴的師長視而不見，或分明知情卻不願伸出援手，很容易產生強烈的自我懷疑及嚴重的焦慮、身心解離與創傷症候群。這不只讓他們易於再度受害，影響他們接受法律、醫療等各項服務的機會，無疑也會增加其他人被害的風險。

為什麼大人寧可選擇視而不見，聽而不聞，也不願積極處理？這牽涉到成人對兒童權利與認知發展的成見。兒童在成長過程中，經常被教導「不可以挑戰成人」，若是說出成人不願相信的事，不是被當成隨口說說，就是被視為挑戰權威。當兒童從成人的反應發現性侵害是不能說出口的，或是說了也沒人相信，強大的矛盾、迷惘與不安讓他們再也無法敞開心房。相反的，如果有人願意真誠的傾聽，而且是在溫暖安全、沒有曝光之虞的條件下，他們是很願意說的，而且是毫無保留的全盤托出。

根據我有限的經驗，被害兒童大多聰慧而敏感，懂得選擇適當時機與對象傾訴。他們最大的痛苦未必來自性侵本身，而是沒有人傾聽的痛苦，我能做的，只是陪伴與傾聽，相信他們的感受，接納他們的情緒。至於說或不說，這是他們的權利，外人無權以任何理由（像是「你要勇敢一點，說出來」「說出來，才能救其他人」……難道「不說」就代表「不勇敢」？難道其他孩子被性侵，是他們的責任？）如此要求。

我們期待被害人勇敢現身（聲），控訴不義，好像唯有如此才是被害者的「本分」。我們用「勇氣」鼓勵被害人將不想訴說的傷痛公諸於世，彷彿只有透過這個途逕，外界才能認可他們被害的身分。公開受害事實，走進司法，是最好的選項嗎？他們的傷害與苦痛會得到緩解嗎？或者這只是旁觀者的一廂情願？

三、記憶與蒼涼

1 陪他們一段

我們大概都有過這樣的經驗，面對他人難以承受的苦難，一方面感到震撼，一方面又覺得束手無策，索性視而不見，不論是前者的恐懼，或是後者的冷漠，都是源自於對現實的無力。每個人可以選擇與苦難保持什麼距離，承受深淺不一的負擔，如何旁觀別人的痛苦，從來不是簡單的課題。

社工面對性侵害被害人時就是如此。他們的服務項目包括提供緊急救援，協助就醫、驗傷及取證，協助心理治療，緊急安置及提供法律服務；到了偵查及審判階段，則要陪同被害人在場並陳述意見。專業訓練要求他們與個案保持距離，不能過度涉入，又希望他們不能無動於衷，袖手旁觀。他們既不是當事人，又不是旁觀者，卻必須直面難以承擔的經歷，沒有迴避的機會，到底該投注多少精力去理解、感受被害人的痛苦，又能保持專業的清醒與冷靜？

「這個問題好難……」莉莉（化名）思考了一會，緩緩說道：「我在工作之前有想像過一些狀況，但真正開始工作之後，發現跟原來的想像很不一樣，很震撼！」

莉莉擔任社工的時間不算很長，不過言談之間很能感受她的認真與投入。高考合格之後被分發到家庭暴力暨性侵害防治中心，她主動提出想服務性侵害個案的意願。為什麼年紀輕輕竟自找苦吃，工作盡挑難的，這麼想不開？

「這可能跟我個人的成長歷程有關吧，」她從容說道，「我們家算是比較傳統的家庭，滿明顯的重男輕女，女性被男性控制的情況對我來說，有碰觸到我心裡這一塊。雖然我沒有遇過（性暴力），但我覺得這是跟男女不平等、權力控制有關的議題，很想去幫助這類型的被害人。」

她經手的都是兒少個案。起初她以為，被害兒童會抱著她痛哭失聲，訴說驚人的傷痛與委屈，沒想到，真正在她面前情緒崩潰的，屈指數來只有兩個，若不是耐著性子深入瞭解，很難察覺他們內在有那麼多翻攪的情緒。我自己也有類似經驗，總是擔心一個不經意的眼神，一個不留心的語氣，會讓孩子瞬間崩潰。事後證明是我多慮了，沒有孩子在我面前情緒潰堤過，一個都沒有，甚至有孩子溫柔地說，阿姨，我沒事，真的沒事，你不用擔心喔。我想，他們不是特別冷靜或淡然，事發當時，他們可能只有五歲，十歲，十五歲，他們必須想辦法與痛楚共存，好好地、堅強地活下去，沒有呼天喊地的本錢。

外人總是想像發生性侵害之後，被害人一定會報案處理，就像是膝反射似的。但是根據莉莉的經驗，被害人大多都抗拒走訴訟這條路，為什麼？

「每個人原因都不一樣。有些人說，他不想花這麼多時間跟心力回想這個經歷，因為這太痛苦了；也有人說，他沒有證據，就算走上司法也不能得到想要的結果，所以就算了；也有人生活已經慢慢調適過來了，覺得不需要重複經歷這個痛苦。如果需要告發，社工這邊一定會發文給警局，由他們負責後續跟當事人聯絡，至於要不要做筆錄，他們可以表達個人意願，警察不會逼他們一定要做，就是跟他們聯絡，也會發公文，但最後有可能直接結案，不一定會走上司法。」

「你會勸個案透過法律途徑解決嗎？」我問她。

「我們會盡量說服，如果他們強力拒絕的話，最後也可以不走這個程序，」她毫不遲疑地說，「站在我們的立場是希望走司法程序，一方面是我認為『說出來』是復原的開始，一方面是我們在公部門服務，有一定的角色期待是必須做這樣的事。」

至於被害人是否適合進行訴訟，莉莉認為與每個人的特質、事件在什麼情況下被揭露、當事人是否做好心理準備有關。「通常我會想積極促成的，是他當下已經沒有很強烈的情緒，已經比較冷靜平靜下來的，然後他希望揭露的原因是對方可以得到懲罰，或是停止侵害的行為，這類型的我會比較積極說服。」

職責要求莉莉必須說服被害人走入司法程序，但她不諱言有過勸說失敗的慘痛經驗。

那是個被哥哥欺負的女孩，她原本不打算報案，是同學無意間發現向老師通報，事情才被揭露。莉莉評估她的家庭無法提供適當保護，仍可能密切接觸加害人，建議將她安置在機構。那是個不得不然的決定。

「她對加害人有很多憤怒，因為是自己的哥哥，她很希望哥哥停止這種行為，可是又不想離開家。我慢慢跟她分析說，你回家很不安全，真的沒辦法，必須把她安置在別的地方，她才慢慢接受。我問她，要不要提告？她很猶豫，畢竟再怎麼樣都是自己家人。她問我，如果告的話，哥哥會怎麼樣？她哥哥也還未成年，我說，最後可能是保護管束，不至於到被關什麼的。她聽了以後有比較放心，心裡還是有很多矛盾跟困擾，擔心如果說出來了，會不會破壞整個家庭的和諧？說了以後，爸媽會怎麼看她？」

「她爸媽的反應是什麼？」

「他們當下是很驚訝，是真的非常驚訝。可是冷靜下來以後一直跟我說，不可能，我們每天都在家，怎麼可能發生這種事？……他們懷疑是女兒跟網友出去玩被罵，所以才故意說謊。」

「我的天！他們不是當著孩子的面說的吧？」我頭皮一陣發麻。

「剛開始我們當然是單獨跟父母談，他們一直否認家裡會發生這種事，要求要聽到孩子親口說。等孩子當著他們的面說了，他們還是不信，一直說，是不是你跟網友出門，我們罵你，你才這麼講？他們當下給我的感覺是，他們只想保哥哥……」莉莉哽咽了，「後來孩子到了機構以後每天寫日記，寫說爸媽不愛她，只愛哥哥，重男輕女。她希望哥哥停止這個行為，也很氣爸媽不相信她，很想讓他們瞭解真的發生了，所以我很鼓勵她走司法程序。」

沒想到去警局做筆錄那日，女孩突然翻供，說是跟網友出遊被爸媽責罵，一時氣不過才隨口亂講，讓莉莉當場傻眼。「我當下心想，天啊，怎麼會這樣！可是又不能勉強她，所以她跟警員說是網友的事，我也不好說什麼。後來送她回安置機構的路上，她不太願意說為什麼改口，我能做的就是讓她知道，她可能還沒準備好，沒關係，等她準備好了，我願意再陪她去……唉，這是我社工生涯最挫折的案子。」

「你跟她哥哥談過嗎？」

「有啊，可是他一直否認。」

「所以爸媽選擇相信哥哥，不相信她？」

「對。其實我們會建議被害人進入司法程序，很大的原因就是必須要有罪確定，才會有後面的加害人處遇計畫。這個案子最後沒有這麼做。孩子在警局翻供了以後，父母立刻要帶孩子回家，他們說，孩子都說沒這回事了，你們還不讓她回家，這樣我們不是很丟臉嗎？因為爸媽這樣要求，孩子也想回去，我們就擬訂了安全計畫，協助他們重新安排房間配置，要求哥哥進行諮商，再安排密集訪視，孩子就搬回去了。」

為什麼爸媽的反應是如此？我想，長期浸淫在保守性文化的人常認為，性／性侵是羞恥見不得人，是不該說出來的，這麼丟臉的事，絕對要保守祕密，如果不小心消息走漏，為了將來一定要三緘其口。如果有人破壞了這個潛規則，硬生生將難堪的事實攤在陽光底下，自然會引起驚濤駭浪。但我不明白，為什麼孩子寧可回家，也不願意留在機構？難道不擔心再次身陷被害風險？莉莉告訴我：

「她的安置處所離原來學校有一段距離，必須轉學，有適應上的問題。被安置的小孩都會問我一個問題：『你不是說我沒有做錯事，為什麼是我要離開，不是做錯事的那個人？』每次被問到這個，我都不知道要怎麼回答，只能盡量解釋說，現在你的安全是第一順位，只好把你移出這個家。」

處理家內性侵害案件，夾在被害人與家人之間，社工自有為難之處。莉莉說：

「我的工作是服務被害人，幫助他們復原，或是在司法程序上走得比較順利。但是我也必須幫加害人安排諮商輔導，還必須表現出同理，不能表現憤怒，我覺得滿困難的。就算我很冷靜地談，對方也會很抗拒，他會想，你就是站在被害人那邊，跟你講有什麼用？我在做被害人服務時，等於在做整個家庭的重整，整個家庭都是服務對象，所以要如何抽換、或是調整自己的角色或說話方式，真的很困難。」

說服被害人提告誠然不易，等到進入司法程序，更是煎熬的開始。

一般報案流程，被害人必須先到醫院驗傷，經過警察筆錄問訊，案件才會移送地檢署偵辦。這時檢察官會傳喚被害人重新問訊，釐清筆錄不完整的地方，只是重複的詢問與冗長的歷程，讓被害人被迫回憶受創的情境，委實殘忍極了。二〇〇〇年，內政部推動「性侵害案件減少被害人重複陳述作業要點」（減述），規定疑似性侵害案件經過通報，各地性侵害防治中心會指派社工師告知被害人後續處理流程與權利事項，在被害人同意下陪同驗傷或採證、進行詢訊前訪視及陪同詢訊問。如果被害人未滿十八歲，或是心智障礙者，啟動減述與否的專業評估是接案社工（或主責社工）進行評估並決定，並建議警察單位向檢察官報告啟動減述流程作業的專業決定。

顧名思義，「減述」就是減少被害人的陳述，應該既省時又省力才對，可惜實際上未必如此，甚至警察會主動建議改採一般流程就好。為什麼會這樣？

「我自己的經驗也是這樣，因為真的沒有比較快，」莉莉解釋，「報案以後去醫院驗傷，醫院的社工會問，因為需要通報，也需要讓醫生知道要做什麼檢查項目。社會局的社工到場以後也要問，因為要陪他做筆錄，必須知道案情。到了警局做筆錄也要問，警察會聯絡檢座或少年法庭法官，接到指示以後決定問哪些問題，再傳回去給檢座跟法官，確認有沒有要補問的地方，這樣一來一往真的很費時，被害人又必須在現場等，有時一等就是五、六個小時。到了地檢署或少年法庭，檢座一定又會再問，就算問的少一點，但是別人問過的題目，通常還是會再問一次，對被害人來說根本差不多。減述作業的用意當然是好的，但是我真的覺得實務上沒有達到它的作用。」

根據學者劉文英的研究，不少社工也有類似經驗：

一個減述下來，幾乎都要花七、八個小時以上，那還算比較短的……我有一次參加研習訓練的時候，高雄市還是高雄縣的夥伴就跟大家講說他的減述在九個小時，十個小時以上……

我們很希望檢察官可以到場指揮，不用說像我們偵訊筆錄做的，結果看一看傳過去，他會跟我們講說那你待會兒帶過來，那我們又再重新講一次，而且問題跟偵訊筆錄是完全一樣的，並沒有其他什麼不一樣的，這是我覺得最困難的一點。[1]

根據韋愛梅、鍾佩怡等的「性侵害案件減少被害人重複陳述作業方案評估分析」，各縣市減述作業實際運作狀況並不相同，例如社工評估進入減述作業的標準，有的縣市是依照衛福部訂定的「訊前訪視評估紀錄表」，有的縣市則是另訂「案件類型篩選指標與訊前訪視評估表」。另外，各縣市受理評估減述件數，以及評估後進入減述件數的比例也有差異，二〇一五年進入減述作業比例最低的是連江縣，最高為花蓮縣。至於檢察官是否親自訊問，各縣市也有不同做法，有的縣市因檢察官案量太大，無法親自到場，放寬以電話指揮警察詢問。二〇一五年宜蘭縣、南投縣、嘉義市、連江縣的檢察官親訊比例皆為〇，苗栗縣卻高達一〇〇％，[2]可見各縣市網絡資源與整合度不同，減述流程的操作模式亦有所差異，有的做得極為到位，有的仍有改善空間。幸與不幸，只有一「縣」之隔而已。

然後我們談到警察的詢問技巧。這方面莉莉的經驗可多了，她舉例說明給我聽：「我覺得他們在問的時候，好像都是照著一個模板，不懂得隨著個案回答而調整。

1〈性侵害防治相關體系處遇智能障礙被害案件在司法上所面臨的困境與需求〉，劉文英，《臺大社工學刊》第十七期，頁一一〇，二〇〇八年六月。

2 以上參見〈性侵害案件減少被害人重複陳述作業方案之反思〉，羅鼎程等，《社區發展季刊》第一六五期，頁一六九，二〇一九年三月。

他們對受害小孩的身心狀態不是那麼瞭解，問筆錄的時候又必須問跟法律構成要件相關的問題，小孩常常聽不懂，就算聽懂了，也未必有能力回答。例如他們會問，性侵發生了幾次？可是怎樣算『一次』？小孩可能會覺得，今天他被插入了兩次，這樣算是一次，還是兩次？而且每個警員對『一次』的定義也不太一樣，有的覺得插入一次算一次，射精一次算一次，也有的認為一天之內不管發生過幾次，都算一次，定義有點模糊。」

對兒童來說，他們是否懂得「性侵」是什麼意思？是指器官被強迫插入嗎？包不包括指侵、口交或摸胸部？未遂的性侵算不算？如果詢問者無法清楚定義問題，以兒童可以理解的語言詢問，每一次的詢問與回應都是難題。

「再來，就是他們很注重時間，」莉莉說，「事情發生在幾月幾日？是上午？中午？還是晚上？如果能說出幾點鐘最好，可是小孩常答不出來。還有，他們會問『這個行為持續多久』？這個問題超級難回答的，小孩根本沒辦法回應。現在警員會去受訓，情況有比較好了，如果發現小孩聽不懂，會想辦法再做說明，我在旁邊也會幫忙解釋，或是提醒他們讓小孩休息一下。」

為什麼詢問者殷殷探問，卻經常事倍功半？我想，因為他們的重點在於「取證」，沒有考慮當事人的觀點與需要。當詢問者提出「你有沒有被恐嚇」這樣的問題時，兒童未必瞭解「恐嚇」是什麼意思，如果詢問者又急於想得到（符合證據的）答案，欠缺溝通的耐性，兒童感受到不友善的氛圍，自然影響回答品質。

「碰到這種狀況，你會不會生氣？」我問莉莉。

「通常我不會很凶啦，不過我有吵過一次。那次是到離孩子最近的警局，警員說，你們不能在這裡報案，要去發生地的派出所。根據規定，我們當然可以在這裡做筆錄，只要把公文移轉到發生地的派出所就可以了，可是對方就是不願意。我心想，你是在騙我不懂嗎？我很生氣地說，我們就是要在這裡做，而且我事前打電話問過，是你們說可以的。對方繼續裝傻說，沒有啊，你是跟誰約的？那次我真的是有點被氣到，不過最後他還是讓我們做了。」

或許對某些人來說，辦案只是工作，只要按照SOP進行就好，這樣下來，詢問不但難有進展，反而有礙蒐證，何況如果不抽離一點，很快就會把熱情燃燒殆盡。他們學會不再關照當事人的生命經驗與內在狀態，那太花時間與力氣了。

每次製作筆錄之前，莉莉都會事先提醒被害人，他們的說法可能會被質疑，好讓他們有心理準備，即使如此，還是會出現難以想像的情形。有次她陪被害男孩報案，警員一臉狐疑地問被害男孩說，你有被性侵？你確定？難道不是只是在玩而已？這讓莉莉詫異極了：「他好像覺得發生在男生身上，沒什麼大不了的，我真的很震驚。這就是身體自主權被侵犯啊，可是他好像覺得沒什麼。」

唉，最可怕的地獄，就是對他人困頓的無知。

「孩子最不喜歡被問什麼問題？」我問她。

「他們經常假設孩子應該表達出不同意，而且還要有抗拒的動作，常問『你那時有反抗嗎？』『發生之後你有受傷嗎？』孩子聽了很難受，難道我沒有反抗，沒有受傷，就不算嗎？有的孩子是講得出來，可是不舒服，也有孩子是很想說出複雜的情緒，只是找不到適合的詞彙。他們講不出來，不代表沒有感覺，可是只要說不出口，就會被問說，你不說，那是沒有的意思嗎？孩子聽了就會說，喔，對，沒有。我覺得處理這類案件要很有耐心，等他們慢慢說，他們需要時間醞釀用什麼字眼表達。」

憤怒、焦慮、冷靜、麻木，都是被害兒童常見的反應。如果加害人又是他們熟識、信賴的大人（而不是外界想像中「揮舞著刀的陌生人」），既沒有使用暴力、武器或藥物逼迫，事後又以語言歪曲事實（「我是因為愛你，才會這麼做」「這是我們兩個人的祕密，不可以告訴別人」），兒童不見得瞭解發生了什麼，礙於權勢關係的不對等，往往不敢反抗，也說不出口，成了心理學家口中「沒有嘴巴的孩子」。

我想，大部分執法者也想把事情做好，只是不夠瞭解兒童的脆弱性，忽略了他們才是案件主體。被害人需要被尊重，被聆聽，而不只是來協助辦案而已。

那麼，莉莉有遇過比較友善的問訊例子嗎？

「有啊。有的婦幼隊流程很熟，也很順暢，隱私保護也做得很到位。有的分局詢問時會把房間反鎖，裡面只有女警、社工跟被害人，就算電話來了也直接掛掉，才不會干擾。我遇過非常好的檢察官，他先跟被害人說，我等一下問你的問題，你可能會不太舒服，我不是在挑戰或是質疑你，因為我們要聽兩邊的說詞，所以我必須問你這個問題。我坐在旁邊心想，這個檢察官真的太棒了！可是大部分人只是想完成工作，沒有照顧到被害人的情緒或心情，有時孩子還在思考，還在回憶，他們會一直催，甚至替他們做結論，他們也不是態度差，就是……」

「就是問的時候冷冰冰的，對不對？」我接著她的話說，「所以這不是法律問題，而是人的態度的問題。」

「對，就是這樣！然後這些孩子又特別敏感。」

「你看到孩子答不出來的時候，會不會忍不住替他們回答？」我會這麼問，因為我知道有社工見到孩子說不出口會忍不住幫腔：「你剛才你不是跟我說〇〇〇」「你想說的，是不是〇〇〇的意思」，但這樣的證詞被認為是遭到汙染，或是被誘導而無法被法院採信。明明是一番好意，反而錯失了證明事實的機會。

「喔，這個我們經常被提醒，社工陪偵或開庭時該做什麼，不該做什麼。只要進到筆錄詢問的空間或是法庭，我們只是陪伴者，不能主動發聲，更不能替被害人發聲，以免被認為是誘導或汙染證詞。這點我們會事先跟個案說清楚，不是我們不願意幫他們講，而是這樣子反而對他們有利。」

我很好奇，對當事人苦難總是感同身受的莉莉，是否懷疑過他們的說法？她又是怎麼確認的？

「嗯……沒辦法確認，」她老實招認，「我問過督導類似問題，他說，**確認事情的真假不是社工的事，我們的工作是服務被害人，只要做好該提供的服務，就夠了**。」說得真好！

司法程序專注於事實與法令，若是證據不足導致不起訴或不成案，並不罕見。莉莉經手過上百起案件，因證據不足而無法成案的不在少數，產生挫折感與無力感在所難免。她是如何處理自己的情緒？

「每次遇到這種狀況，我會告訴自己，除非立刻報案，或是有像衛生紙這樣的證據，法官只能用雙方的說詞來做判決，要用這麼少的證據去判斷是不是發生了什麼，真的也很困難。現在我會努力讓當事人知道，就算判無罪不代表沒有發生，只是證據不足。」

「你這麼理性喔？」

「剛開始也不行啊，就有很多情緒，現在就覺得只能這樣想，讓自己好過一點。」莉莉說。這就是社工，有如吸附痛苦的磁石，在執業過程中總是不免傷痕累累，他們必須牢牢穩住自己，就算是與被害人站在一起，也不能讓自己同時被深沉的悲傷給淹沒。

性侵害案件的處理有如一場接力賽，在通報進入司法程序之後，必須結合醫療、教育、社政等單位合作，進行驗傷、採檢、刑事偵辦等工作，再根據被害人的不同需要，進行資源轉介或連結，光靠社工當然不夠。無論如何，處理性侵害案件除了必須看見案情的來龍去脈，更必須看見被害人屬於「人」的面貌，唯有人的面貌具體化了，問題才有可能得到進一步的討論與解決。

2「他們」與「我們」

納粹大屠殺倖存者、義大利作家李維（Primo Levi）寫過這樣一段話：

非常奇怪，出於絕望，同樣的想法（即使我們把這些事情講出去，人們也不會相信我們）也會以夢魘的形式出現在囚犯的腦海。幾乎所有囚犯在他們的口述或回憶錄中，都會記得集中營常做的一個夢。夢的內容大同小異——他們回到家，帶著熱情和寬慰，向所愛的人講述自己遭受的苦難。但是對方不相信，甚至不傾聽。最典型（也是最殘酷）的夢中，對方會默默轉身離開。

李維很清楚，奧許維茲的經歷是難以訴說的，即使說了，也很難取信於外界，無論那樣的經歷是巨大，是微小，是疼痛，或是死亡。他以不斷的書寫成為重量級的苦難見證者，但他比誰都清楚，他所能講述的事實，已經把自己與他人之間畫下了分隔線。

每次朋友問我最近有什麼寫作計畫？正在寫什麼題材？如果我的回答是「性侵」，百分之九十以上的人（尤其是男性友人，這點很值得進一步分析）頓時啞口無言，手足無措，我只得趕緊另起話題，化解尷尬氣氛。這樣的經驗多了，我慢慢學會不必那麼誠實，只要隨口說「正在構思」、「還沒決定」就好了。我的寫作題材，已經把自己與他人之間畫下了分隔線。

性侵害案件每天都在發生，為什麼人們總是難以開口，或是迴避討論？除了「性」是禁忌的話題，以及對「完美被害人」的迷思（被害人應該是好女兒／兒子、好妻子／丈夫，沉默且哀傷）之外，有沒有其他原因？曾有被害人給了我這樣的答案：「因為那是別人的痛苦，不是自己的痛苦，沒有人對別人的痛苦感興趣。」

真是一針見血。

「他們」與「我們」，是楚河漢界的兩端，涇渭分明，彼此說著同樣的語言，卻無從溝通。為什麼？因為「我們」對被害人的身心狀態過於陌生，不知道性暴力發生時，「他們」的大腦未必能形成可供敘述的記憶，事發之後又缺乏形容的詞彙，不知該從何說起。強烈的羞恥感讓「他們」以為發生這樣的事，都是自己的錯，「他們」難以開口，更無法陳述。

不論什麼性別、年齡、職業的人，都可能遭遇性侵害，沒有人能豁免，也沒有人能保證「我們」不會變成「他們」，這不是兩個平行不交集的世界。但是「我們」從來漠不關心，也不想知道，總以為那是「他們」的事，與「我們」無關。

性是人類生存的基本，傷害一個人的性，不只對身心造成巨大傷害，也具有摧毀尊嚴的強大力道，這也是性侵害常被戰爭當作武器，用來摧毀一個個人、一個族群、乃至一個國家的原因。若是沒有接觸或理解被害人的經驗，很難理解那樣的撕心裂肺是怎麼回事。

這樣的心情，社工應該有最深的感觸吧。每起性侵害案件都代表一則心碎的故事，破碎的心見多了，他們是否會懷疑司法的效用？

「法律上要求客觀證據，但像性侵這種密室案件，只有兩個人在那裡，不太可能有什麼直接證據。有時孩子怎麼樣都不講，怎麼辦？孩子講了『是』或『不是』，這個『是』或『不是』的意義又代表什麼？這些都需要被釐清。」現代婦女基金會性暴力防治組社工督導張妙如這麼說。

張妙如處理性侵害案件有豐富的實務經驗。經年累月見到被害人進入訴訟程序，從報案的筆錄製作，開庭之前的準備，到開庭過程的煎熬，她有著許多感慨：

「我處理的成人個案比較多，大概有一半是在案發三天之內報案，不是馬上，可見他們是有些顧慮。成人都會這樣，孩子就更不用說了。他們會有點搞不懂，對方好像違反了我的意願，可是為什麼我的身體會有反應？我是同意的嗎？我的意願是什麼？這對小孩來說很模糊。性器官被碰觸本來就會很舒服，至於可不可以讓人碰觸，需要身心成熟到某個程度才能分辨，可是孩子不懂，不會切割，很需要討論釐清。」

被害兒童無法重組線索，理出脈絡，不明白發生了什麼，更不知道危險是什麼，如果加害人又是生命中重要的他人或情感依附的對象，更難瞭解發生了什麼。張妙如如此解釋：

「我們最常碰到的情形是，爸媽知道了以後決定報案，可是孩子相信加害人的甜言蜜語，不相信他被騙，什麼都不講。如果是家內性侵的話，孩子不講，除了是怕破壞家庭關係，也可能是被家人威嚇，不准他說，一直等到長大了才講。孩子在這個過程需要考慮的很多，光是前端就要處理這麼多的情緒，怎麼可能事情一發生就報案？可是警察就會質疑說，你為什麼過了那麼久才說？孩子就會很難過。」

訴說，是需要時間與空間的，如果被害人一再被質疑為何不拒絕、不報警、不提告，以此懷疑他們說謊，當然很難啟齒。我聽過最恐怖的情節是老師質疑孩子：「如果你被性侵，怎麼可能功課還那麼好？照樣跟同學說說笑笑？」孩子很委屈地說，因為只有全心全意讀書，才能暫時忘卻被欺負的痛苦……

性暴力對生命產生的衝擊，有時連被害人自己都難以理解，外人無法體會那樣的傷害，在應對進退中難免失去分寸，讓被害人再也不願開口。那份痛苦既不能說出口，說出口了也無濟於事，這樣的傷害深刻驚人，逼視生命的深淵。

被害人每次回憶與訴說，都可能產生創傷情境的重演（flashback），這是一種強制性的反應，只要一絲與創傷有關的線索，像是想起受害地點，加害人的名字，出現某種跟受害時相關的氣味、溫度與感覺，都可能勾起巨大的創痛。思寧說過，每到陰雨的日子，潔皓狀況總是特別糟糕，像是童年回頭頻頻來找他，因為他幼年被害的地點，就在多雨潮溼的基隆。

執法者以為只要認真查案，釐清事實就好，卻難以理解被害人需要時間梳理情緒，這不是限時、限期做得到的事。社工知悉案件就必須告發，這是職責所在，至於知悉多久必須告發，衛福部沒有明文規定，是委由各縣市政府自行決定。有的縣市的做法是以一個月為限，張妙如覺得時間過於倉促，對被害人不公平：「有些個案為了求生存用遺忘來應對，記不得發生了什麼事，那是一種內在防衛的機轉，不是說規定一個月或三個月就要處理完，我覺得這不是最好的做法。」

張妙如提到某個特殊案例：某童年遭到侵害的女性，在成年後只要遇到壓力就會切換心理開關，出現身心分離、進入解離的狀態，加害人便是利用這點，對她頻頻下手。她很想對外求助，但只要一開口就會回復至童稚狀態，難以言語，更遑論描述被害經過。這樣的被害人，要怎麼出面告發？

「現在各縣市有不同做法，有的是通報單進來就直接pass給警政單位，有的是請社工先去探訪瞭解一下。這裡會出現一個很弔詭的事，如果被害人有意願提告，但是連講都講不出來，等到要製作筆錄了，檢察官要問案了也沒辦法陳述。這時如果告發，是不是損害了被害人的權益？如果被害人有意願，可以再等一等，何況追訴期還滿長的，何必急於一時？」

兒童遭受性侵害之後，經常出現「兒童性侵害順應症候群」（Child Sexual Abuse Accommodation Syndrom, CSAAS）。這個概念最早是由桑密特（Roland Summit）醫生提出，他認為被害兒童承受了許多心理痛苦，包括覺得羞恥、難堪、對加害人忠誠，以及覺得自己應該對這件事負起責任。有些被害人把加害人理想化，試圖以好成績等外在成就贏得對方好感，被迫學會以性換取愛，這些心理反應會延後揭露或否定性侵事實，甚至撤回指控，只是這些狀況常常被忽略。

「目前制度很籠統，各縣市有不同要求。站在希望被害人復原的角度，必須讓他們跟家屬知道法律權益是什麼，像是證據保留，這是無庸置疑的，以免後續處理沒有證據的話會有點麻煩。不過很多孩子介意的不是加害人的處罰，而是家長怎麼看待跟處理這件事，所以說，每個個案有不同介意的點，**你真的要站在被害人復原的角度，當然不是那麼粗魯地直接把他推到司法程序裡，要怎麼處理得比較細緻，是很值得討論的。**」張妙如說。

個案是由社政單位負責，進入司法流程之後，必須結合衛生醫療、教育單位、檢察及司法機關等網絡共同合作，進行驗傷採證及鑑定、通報宣導、刑事偵辦等，至於後續的處遇計畫，社工則會依被害人需要進行資源轉介或連結。唯有仰賴跨領域網絡的力量，才能協助受傷的個案，若是單位之間意見無法整合，受苦的不是別人，而是最需要協助的被害人。

張妙如提及幾個例子：社工評估個案身心狀況，建議請專家協助詢問，檢察官卻說，不需要；社工分析個案家庭條件，建議必須接受安置，家防中心卻說，不需要。說起後面這個案例，她的聲線明顯上揚：

「這個案子我印象很深，加害人是住在隔壁的叔叔，趁著大人不在家對兩個小孩下手。他們姊妹雖然滿十八歲了，但都是智能障礙者，心智年齡跟孩子一樣。兩個小孩跟叔叔很熟，沒有任何敵意，她們弄不懂，為什麼叔叔要摸我？我們評估家庭狀況，建議應該安置兩個小孩，可是家防中心覺得不需要。不需要？如果再出事的話，誰要負責？爸爸在坐牢，媽媽輕度智障，妹妹中度智障，連自保的能力都沒有，怎麼會不需要安置？後來主任檢察官直接打電話給家防中心說，這個個案怎麼沒有安置？結果馬上就安置了……大家應該是優先考慮個案的權益跟保護，不是嗎？」

「他們認為不需要安置的理由是什麼？」我腦子裡滿是問號。

「他們的說法是，那個叔叔沒有住在家裡，妹妹白天去庇護工廠也碰不到。問題是晚上咧？爸爸不在，媽媽又沒能力，可是家防中心的說法是『應該還好』、『資源要給別人用』。如果他們真的這麼想，為什麼檢察官下令就馬上可以安置？每次處理性侵害案件，我們必須想辦法凸顯社工的角色，不斷在那邊一直argue（爭論）看是否能促成改變。」

溝通的起點在於溝通的意願，以及願意聆聽他人的心。少數公務員習於本位思考，欠缺共同合作的意願，實在是可惜了。

性侵害案件特別難辦，有時是承辦者無法逃脫性別刻板印象，像是不自覺檢討被害人的言行舉止（「這麼晚，為什麼還在外面玩？」）、服裝儀容（「裙子為什麼穿那麼短？領口為什麼那麼低？」），認為被害人只會是女性不會有男性，從被害人的事後反應判斷是否合乎經驗法則（「為什麼不反抗？」「為什麼不求救？」「為什麼不馬上報案？」），陷入「完美被害人」的迷思而不自知。曾有法官以（成人）被害人沒有咬傷被告舌頭，認為被害人未抗拒而判被告無罪，難怪倡議團體有這樣的批評：

傳統的司法體系看似性別中立，其實是建構於父權結構之上，以男性觀點為中心，忽略女性的經驗與需求。例如，在性侵和家暴受害者中，女性約占八成，傳統的法學教育與實務訓練並未檢討各種對於被害者不利的迷思，使多數女性的受害經驗不被看到與理解。一些法官在審理案件時，不僅難以理解受害經驗，亦受性侵迷思影響，檢視審檢的起訴書或判決書，經常看到白紙黑字寫明質疑性侵被害人行為不檢點，詢問被害人為何不逃離等，完全沒有看到造成她們受害的性別結構因素。

我國於二〇〇五年開始積極推動性別主流化工作，但在司法系統怠慢推動下，導致臺灣的執法人員普遍缺乏性別敏感度，不少法官與檢察官在審理案件時忽略性別的重要性，有些甚至出現明顯的性別偏見，導致當事人二度傷害，影響判決結果。這種普遍的問題甚至讓女性不願意利用司法程序尋求救濟，認為司法體系不能給予其有效之協助。這些都顯示，司法體系中性別意識的缺乏如何影響著一般人民，如果司改是為了讓司法親近人民，讓人民不再懼怕司法，覺得司法可以提供保障，那張妙如同意目前司法人員的性別意識確實有待提升，但她以為，**欠缺對性暴力及被害人處境的同理，才是問題的關鍵**：

「**檢察官或法官不是沒有性別意識，而是對被害人的狀態理解得不夠**。我不知道他們對性侵害創傷的理解到什麼程度，如果四、五歲的孩子被傷害了以後，他不知道這樣的身體接觸是不對的，反而以為是友善的表現方式，所以會去摸自己或別人的身體，這是一種發展性創傷。還有一種情況是孩子受害以後身體界線被破壞，不知道如何跟人進行身體接觸，有的孩子會很緊張，不讓人碰，有的是變得沒有界線，會去觸碰別人身體。」

「有個孩子每週五都被爸爸性侵，到了週四晚上就會很焦慮，過了週末以後又會變得很穩定。他到了安置機構以後，每到週四就很焦慮，怎麼辦？就會撫摸自己或別人身體，透過性的接觸緩解焦慮，結果就被通報了。法官不瞭解這點，只從單一事件判斷，就會覺得他對別人做出不當性接觸，如果他願意從整個脈絡去思考，可能會有不一樣的想法，做出不同的決定。」

張妙如表示，她明白證據調查有其限制，再怎麼認真也無法還原現場。審理過程應盡量把對被害人的傷害降到最低，然而某些不起訴書或判決的寫法，實在是讓人欲哭無淚。

她經手過某個案輕信主管說詞，以為對方可替全家消災解厄，若不順從將招受厄運，因而心生畏懼，遵照指示與對方發生關係。事後她發現被騙心有不甘，想透過訴訟揭穿神棍真面目，不起訴處分書上「依被害人年齡與學經歷等情狀判斷，豈不知會深陷險境，聽信不合邏輯，有違常情之說法？實屬費解，顯有可疑……」的描述，讓她頓時情緒崩潰，緊急送醫。想起這事，張妙如有著很深的感慨：

「這個例子我就覺得寫法很有問題。如果證據不夠，不足以起訴，只要照實寫就好，不需要用『有違常情』、『不合邏輯』這樣的字眼去形容。性侵害案件有什麼合理樣態？什麼是合理樣態？這是他們認為的合理樣態，未必是被害人的真實經驗！」

「我們碰過個案在案發之後立刻報案，不起訴書上說『告訴人於案發後立刻報警，顯不符常理』；如果個案延遲報案，又說『何故未立即向警方報案？與常情有違』，你會覺得這是什麼啊？很弔詭啊！如果法院真的覺得人事時地物證據不足，沒辦法判有罪，

3〈性別司改　人間蒸發〉，性別司改聯盟聲明稿，https://www.goh.org.tw/perspectives/【性別司改聯盟聲明稿】性別司改－人間蒸發/。

個案多半可以接受，他們也知道，只有自己的說法，沒有別的證據，本來就很難判。如果調不到證據，或是證據不足採信，不起訴當然很合理，為什麼要用傷害人的語言寫？」

「被害人很在意別人是否相信他們的說法，對不對？」我問張妙如。

「對啊，有沒有被理解、被接納，這才是重點。」張妙如說明給我聽，「我記得有檢察官開完庭以後，主動問個案說，你還有什麼希望調查的嗎？我們一定會盡力去查。可是請你記得一件事，如果最後沒有起訴的話，可能是證據不足，不是我不相信你，每次講到這裡我都很感動。個案走出法庭就哭了，她說，她的生命已經可以重新開始了……」

被害人要的不多，他們要的，只是多一點同理，多一點耐心，多一點尊重。我想，能夠改變他們處境的，終究是人的善意吧。

執法者對案情的理解多半仰賴訪談，除了聆聽被害人的說詞，也必須瞭解他們或許有所隱瞞，或許所言不實。當有人宣稱遭到性侵，是該相信？還是懷疑？如何透過不同角度重構現場，判斷說詞的真偽？

二〇二〇年，臺東某兒少安置機構的少年A指控林姓主任性侵，主任矢口否認。消息曝光之後眾人不免懷疑，這是真的嗎？是不是少年A為了離開機構，所以胡亂指控？還是主任與個案間的界線不夠清楚，才會造成誤會？畢竟一個是前科累累的非行少年，一個是得過「金舵獎」的資深輔導，誰的說法比較可信？目前（二〇二二年）案件還在審理，尚無法完全證實事實為何，但從媒體報導的內容來看，顯然自少年A提出指控之後，多數大人並不相信他的說法，這也是實務上常見的情況。

如何分辨被害人的說法是不是真的？張妙如認為兒童的部分她不敢說，但是成人的部分，大概在前端就能分辨了：

「有些人在報案時就說不需要社工，就算要做後續追蹤也會拒絕，還說，我已經找人處理了，這種我們就會比較保留。不過我們還是會持開放的態度，告訴他說，如果你後面需要幫忙，再跟我們說。其實只要跟警政單位核對一下資料，大概就會知道是不是真的性侵，也有可能是涉局仙人跳之類的。」

「不過也有從事性交易的個案說被性侵，聽起來好像很奇怪，可是如果去瞭解那個脈絡，就會知道她是被違反意願的。譬如她事前跟對方說好不能肛交，後來對方硬要，或是事前說好要用保險套，事後卻反悔不用，這就是違反個案的意願。通常這種案子在司法上不會成立，檢察官會說，你同意發生性行為啊，只是對方沒用保險套。可是個案會覺得說，如果他不用保險套，我就不願意做啊，但是法律不是這個邏輯。」

「某次演講我提到社工陪同製作筆錄時，不該刻意提醒、提示或增添被害人的說法，這不僅是逾越專業界線，也可能影響證詞的正確性，導致誤判。話才說完，馬上有社工起身駁斥：『我們接受的訓練，就是要站在被害人的立場，怎麼可以不相信他們的話？』」

這樣的反應讓我沉吟許久。根據《性侵害犯罪防治法》第十五條第一項及第三項之規定，在偵審過程中，社工人員得陪同性侵害之被害人在場，如被害人為兒童或少年時，主管機關應指派陪同，且在這兩種情形中，社工均得陳述意見。就算社工可以陳述意見，他們主要的角色是陪同支持，安撫情緒，不是判斷案件的是非曲直，畢竟這是法官、而不是社工的工作，不是嗎？

「我們是要站在個案的立場沒錯，但如果他說的是假的，我們還要站在他的立場嗎？有時個案會涉及其他犯罪行為，他就是必須面對……」張妙如明確告訴我，「當個案來到我們面前，我們當然會傾聽跟理解，如果在互動過程有疑問的話，應該要負責提醒他，不能冤枉人家，而不是全盤的認同。我們可以接納他的行為，但不一定表示是認同他的行為，這兩者要切分開來。」

「所以你的意思是，社工必須對個案的說法有所保留嗎？」我提出疑惑。

「我是不會一開始就持懷疑的態度啦，」張妙如很快答道，「確實有時在聽個案陳述時會覺得，咦，是這樣嗎？但我不會當下去確認這件事，而是會在關係比較穩固以後再提出疑問。對個案的說法持保留態度，不是助人者在前端會做的事，這不是我們優先考量的。你說的那個狀況，如果是新人的話，可能passion（熱情）比較強，他們會很投入，這麼做有好有壞，也有可能被個案傷害。社工必須提醒自己與個案保持合理的界線，如果過度涉入個案的生活，導致彼此關係的界線模糊不清，這對個案的復原不會有幫助。」

站在被害人的立場並沒有錯，但光是如此是不夠的。唯有脫離「全然相信」的迷霧，才不會被個人成見帶著走，導致看不清真相吧。

根據陳慧女教授的研究，多數社工認為「加害人被定刑判罪」，是還給被害人公平正義的第一要務，其次則是「加害人接受治療」、「加害人向被害人道歉」：

> 不管加害人接受怎麼樣的處罰和協助，被害人應該只想要司法趕快定罪結束，不要再提到任何或看到任何跟該性侵害案件有關的任何事。
>
> ◇
>
> 我認為加害人被定罪判刑是最基本的，因為被害人常會怕旁人不相信自己有被侵害的情況。
>
> ◇
>
> 加害人需定罪判刑，可讓被害人覺得安全，並認同罪有應得的結果。

不過也有社工認為，司法判決對被害人的意義有限：

公平合理正義僅是表象，實務上僅能感受到被害人認為自己的傷害仍無法彌補。4

司法是否可以還給被害人公道？曾有社工告訴我，她主動勸說個案出庭作證，個案勉為其難同意了，結果在出庭陳述時情緒崩潰，不得不緊急送醫，這讓她感到自責。原先她以為，讓個案親自到庭陳述有利於判決，然而眼見個案承受那麼大的痛苦，不得不讓她懷疑，個案真的那麼在意被告被判有罪嗎？這是她自己想要的正義？還是個案想要的結果？

陳慧女與盧鴻文的研究亦指出，多數被害人對加害人是否受到懲罰並不感興趣，只希望加害人不要再出現在生活之中，也希望能在療癒中獲得新生，回歸正常生活。這份研究提出很重要的一點，那就是**社工與被害人的考量有所不同**：

社工人員首重在透過對加害人的刑罰以伸張正義，並經由刑罰開啟後續的矯正治療及修復式作為的可能；而被害人的重點在本身創傷的療癒，對於正義與刑罰沒有太多的期待。此差異無異提醒了助人工作者在處遇過程中需關切當事人的需求，也提醒警政與司法體系在偵查審判過程中，要能夠回應被害人所尋求的真實。

> ……被害人著重的是創傷復原及重獲新生，認為公平正義難以伸張而對體制與環境未有太多期待。而社工人員認為加害人的判刑定罪與治療是尋求正義最基本的部分，此可令被害人感到正義得以伸張，也使其受害事實得以呈顯，獲得社會肯認。[5]

司法只能處理性侵害案件的一部分，後面還有更多亟待解決的課題，包括身心修復、回歸正常生活、修補人際關係……這些都是法律難以顧及，仍必須努力承接的社會現狀。他人的遭遇導致我們的倫理痛苦，而這種痛苦沒有現成出路，我想，所有社工的心情都是如此吧。

司法或許不是創傷的終點，但它有可能成為療癒的起點。

4〈修復式正義在性侵案件的應用——社會工作者的觀點〉，陳慧女，《社區發展季刊》第一四九期，頁二八九，二〇一五年三月。

5 同注4。

四、折翼的天使

1 身體與慾望

性侵害案件向來難以認定，如果被害人是智障者，問題就更複雜了。根據衛福部二〇一九年的統計，臺灣一年有八一六〇件性侵害案件，其中有一一四四件被害人是身心障礙者，在這一千多件案子中，光是智障被害人就有三三四件，足見他們是被害的高危險群。如果這只是浮上檯面的數字，那麼實際情況又是什麼？

「這個說起來話頭長啦，」智障者家長總會（智總）副秘書長、立委吳玉琴辦公室主任孫一信說，「齁，你每次都挑很難的題目寫欸！」

我跟一信認識有十多年了。第一次聽他描述昔日教養機構對待智障者慘無人道的景況，我忍不住紅了眼眶。我問他，你每次談這些，不會很難過喔？他說，剛開始也會啦，久了以後就習慣了；哭，也解決不了問題啊！

他處理智障性侵害案件已有近三十年資歷，嫻熟法令的他從九〇年代開始參與相關修法，至今仍無役不與。每次聽他談這些議題，信手拈來都是故事，就像是翻開臺灣障礙者權益倡議史，精采極了。

開啟他參與改革運動的機緣，源自多年前一起案件：年約十八歲，心智年齡只有小學生的智障女每晚都做惡夢，不時又會尿床，爸爸覺得情況有異，再三探問才得知她獨自在校園玩耍時，被校工誘騙發生了關係。法官問她，你為什麼要跟叔叔上床？她說，叔叔說他會娶我。這樣的回答，頓時讓法官陷入了兩難。

「那還是妨害風化罪的時代，她沒有反抗的動作，不符合舊《刑法》關於強姦的定義，這讓法官很困擾，因為她沒有被迫，沒辦法援用（舊《刑法》）二二一（強制姦淫罪），只好用二二五（乘機姦淫罪）。可是家長無法接受，明明小孩就是被人家欺負了，為什麼不能用二二一來辦？家長告法官瀆職，還寫信到監察院陳情……」孫一信感慨說道，「按照法界人士的意見，這個法官算是很站在被害人立場了，因為她並沒有被強迫，恐怕連『乘機姦淫』都不算。可是家長嚥不下這口氣，就是一直告，一直告，後來小孩有精神方面的問題。」

「還有個小男孩在新公園被雞姦，加害人有被捉到，可是過沒多久就被放出來了，因為那時雞姦不算犯法。根據舊的《刑法》，被害人要是女性，而且一定要有性器接合，才算犯罪，這個雞姦的案子不符合這兩個條件……很不可思議喔？」

舊《刑法》二二一條第一項規定，「對於婦女以強暴、脅迫、藥劑、催眠術或他法，至使不能抗拒而姦淫之者，為強姦罪」，且那時「姦淫」的定義是「男性以其性器進入女性之性器」，男性對男性的案件，或以口交、器物侵入他人性器，均不符「姦淫」的定義。然而智障者不知道什麼是性交，或是被恐嚇威脅不敢說，向來是性侵案中弱勢的弱勢，於是智總決定開辦法律服務，提供義務律師、陪同審訊、擔任輔佐人或鑑定人，積極推動與參與立法、修法等改革工作。

智障者是被害人，問題已經夠棘手了，若是成了犯罪嫌疑犯，更常因偵查和審理過程不夠嚴謹而釀成不幸。一九九七年，警政署長顏世錫發函要求基層派出所，遇到智障嫌犯應主動通知家屬、老師或律師在場，卻常因時間緊迫，找不到律師，沒有接受精神鑑定，而錯失了減刑或免刑機會。同年，智總與聾人協會、視障聯盟及殘障聯盟，召開民間司法改革行動聯盟系列記者會，提出四不公：聽不到（聽障）、講不出（語障）、看不見（視障）、想不懂（心智障礙）及三要求：一、警訊、偵查或審理，依身心障礙者的障礙情況提供其協助。二、法官及檢察官不得以預算不足或自由心證為由，推諉移送鑑定之調查義務。三、法官及檢察官的養成教育當中加入認識身心障礙者之課程。這次的訴求，成為日後爭取障礙者司法人權的濫觴。

一九九九年，《刑法》二二一條至二二九條從「妨害風化」獨立出來，增加「妨害性自主」罪章，從此性犯罪不再具有道德色彩，而是侵害個人自由的犯罪行為類型，某種程度解決了智障性侵案認定的難題。舊《刑法》二二一條與現行《刑法》二二一條的差異如下：

舊《刑法》二二一條	**現《刑法》二二一條**	**差異**
對於婦女以強暴、脅迫、藥劑、催眠術或他法，至使不能抗拒而姦淫之者，為強姦罪，處五年以上有期徒刑。姦淫未滿十四歲之女子，以強姦論。	對於男女以強暴、脅迫、恐嚇、催眠術或其他違反其意願之方法而為性交者，處三年以上十年以下有期徒刑。	1. 被害人從「婦女」變成「男女」。 2. 刪除「至使不能抗拒」。 3. 「姦淫」改成「性交」。 4. 增加「其他違反其意願之方法」。

修法以後的「妨害性自主」罪章去除「強姦」、「姦淫」等汙名化字眼，被害人不限婦女，包括男、女兩性；肛交、口交、手指插入、異物插入等性行為也能作為性交的定義，不再只以處女膜破裂與否、貞操是否被奪等觀念來認定。另外，性侵從「不能抗拒」到「違反意願」的轉變，無疑否定了「如果被害人奮勇反抗，犯行可能不會得逞」的迷

思，脫離被害人必須抗拒才成立性侵的意義，也更尊重被害人的意願。

同樣也是一九九九年，全國司法改革會議掀起一波改革熱潮，「無罪推定」、「交互詰問」成為重點議題。智障者受限於認知、記憶、語言及情緒等條件，缺乏口語表達能力，說法片斷而凌亂，讓證詞聽起來很不可靠，這點與兒童的情況十分雷同。他們說話就是反反覆覆、缺乏精確的描述，如果進入交互詰問，如何替自己辯護？如何讓法官採信他們的說法？關於這點，許多社工都有類似經驗：

> 從事故發生到花蓮的地方法院上訴到臺北高等刑事庭，他對時間還有很多過程有遺忘不清楚，醫師問的時候她說沒有，檢察官問的時候她說有……但是律師很技巧地問，拐彎抹角地問，她就會被律師所扭曲，都說沒沒沒，其實是有……那可能又會在法庭上一切都講證據，有時候真實會被矇蔽了。
>
> ◇
>
> 我之前有智障個案，已經上訴到高分院，他沒有辦法理解智障者的世界就是有時說詞會反覆，甚至她容易受引誘……所以本來地院是判定有罪，但是到了高分院就全部被駁回。
>
> ◇

既然加害人做壞事或做錯事了，照理來講就是繩之以法，那我覺得繩之以法的這一塊對心智障礙者來講很難……因為司法本來就講求證據審理原則，你證據也不行，證詞也不行的話，那你很難採信，這個案子就很難起訴，所以在司法那一塊，其實我在跟家長工作的時候我都會跟家長說，其實司法審理那一塊你不要抱過大的期望。[1]

此外，執法者以為「退縮」、「痛苦」是必有的創傷反應，以此作為證詞真實性的標準，這對智障者來說未必公平：

她們的創傷真的是不容易鑑定，這個部分也是我們遇到很大的困難，那如何在法庭上讓法官瞭解其實這個孩子臉上帶著笑容陳述著被傷害的過程中，她並不是像她表面上所顯現出來的意義……這個部分怎麼去說服法官這個專業，怎樣讓他瞭解心智障礙者她們的一些鑑定、諮商等這些專業的語言，甚至於去接受，這個部分是目前滿大的一個難處。[2]

我自己也有過這樣的經驗。眾人在討論某智障者性侵案時，有人言之鑿鑿地認為，被害的智障者肯定是說謊，或是隨口說說，否則「為什麼她說的時候，看起來一點都不痛苦？」唉，我只能說，這絕對是因不瞭解而造成的誤解。

為什麼智障者陳述事發經過會前後不一，讓人聽起來很不可信？孫一信認為有幾種情形：

第一、問話情境的壓力，或是詢問者採取引導式訊問（先把答案講出來，再問是不是，對不對），可能得到錯誤的證詞。

第二，問話者不同，使用的用詞不同，容易造成智障者的認知差距。例如描述暴力相向的情節，有的人是直接用問的，有的人會模擬動作讓被害人確認，可能得到不同答案。

第三，問話者不瞭解智障者想表達的意思。例如自閉症患者的語言習慣主客異位，當他說「你辛苦了」，其實可能是想表示「我很辛苦」的意思。

九〇年代開始，智總不斷爭取警訊筆錄要有家長、社工人員或律師陪同，其他司法

1〈性侵害防治相關體系處遇智能障礙被害案件在司法上所面臨的困境與需求〉，劉文英，《臺大社工學刊》第十七期，頁一〇九至一一〇，二〇〇八年六月。

2 同注1。

程序也應安排專業輔佐人在場等制度，目的不是為了替智障者脫罪，或是一口咬定他們被害，而是讓執法人員瞭解，障礙者自我保護的心理機制，可能造成他們說謊或隱匿案情。唯有瞭解他們的思考及語言脈絡，才能盡量還原事實真相，減少失真。

智障者的心理就像外星人一樣難以理解，不易探究，有時明明被害，卻不願吐實。除了恐懼、擔憂、說不出口之外，是否有其他原因？孫一信提及讓他印象深刻的某件案子：

「那個被害人有進入減述流程，時間拖得很長，她都快沒有體力了，就是什麼都不敢講。後來我們慢慢發現，她在盤算要不要說的時候想得很多，面對認識或不認識的同學，也有不同考量，擔心如果說出來了，大家會不理她。她考慮的不是被害的事，而是生活實際會發生的問題，所以說起來支支吾吾的。她不見得是沒辦法說清楚，而是沒有辦法釐清事實是什麼？她是不是被害人？如果說出來了，會有什麼後果？這些都是她必須考量的。」

對某些被害人來說，他們的生存辦法，就是說出真實；對某些被害者來說，他們的生存辦法，則是保持緘默，什麼也不做。這不是斯德哥爾摩症候群，他們只是害怕失去擁有的一切，不知道該怎麼辦，於是選擇沉默。

智障者是「完美被害人」，弱勢、可憐的形象不言自明。只是他們對性瞭解多少？

是否有性的需求？我問過不少家長與照顧者，[3]他們總是擔心讓孩子（不論智障者幾歲，他們總是習慣稱為「孩子」）知道太多，就像刻意喚醒沉睡中的他們，打開了一道不該、也不需要打開的閘門。我們希望智障者學習保護自己，又不讓他們知道什麼是性、愛與身體界線，會不會是緣木求魚？像「性」如此複雜的感受要能被理解，依賴的不是刑罰罪責，而是周遭的陪伴，如果他們的性是不能碰觸、不能討論的，問題自然叢生。

身體不會說謊，慾望自會尋找它的出路。

那是電話交友盛行的年代，智障女認識了智障男，兩人相約出遊一星期沒回家，焦慮的女方爸爸報警處理後在賓館找到兩人，女方聲稱是男方限制她的人身自由，迫使她不得不就範。臺北地檢署委請智總擔任專家證人，詳細調查雙方說法發現，原來兩人是你情我願，並沒有任何強迫，因女方擔心被父母責罵，才謊稱是被迫發生關係。她只是想要自保。

性侵、性騷擾、性探索之間有極大的灰色地帶，如果將智障者的性一分為二，只有是非對錯，沒有模稜兩可，一旦發生關係，一律視為「誘姦」、「乘機性交」，是否限制了他們的性自主？他們能否分辨什麼是合法、合意的性關係？什麼又是不合法、不合意

3 詳見《幽黯國度：障礙者的愛與性》，頁一三至四六，陳昭如，衛城，二〇一八。

的性關係？孫一信提出犀利見解：

「性關係一定要建立在相愛的基礎上嗎？還是只要兩個人願意就可以？至少法律沒有說一定要相愛才可以發生關係，對吧？性交是經過探詢而發生？還是透過脅迫而產生？這個界線很模糊，很難一刀切。現在有人在推『積極同意』，主張進行性關係之前要有積極同意的證明，才不算違反性自主，我是公開表達反對意見，這對防治智障性侵不但沒有益處，反而可能有害。為什麼？智障者可以隨便簽啊，反正他又不認識字，也不知道是什麼意思，要我同意喔？簽就簽了，那不是死了？他們什麼都不懂，簽了字反而會變成合意的證據，原來違法的（性侵）變成合法（合意性交），我覺得這在執行層面會有問題，法官恐怕也難以舉證。」

此外，智障被害人未必會出現沮喪、恐懼、害怕、失眠或自殘的受創反應，反而可能因經驗到前所未有的愉悅、快感、被愛，也不會產生羞恥感，這些「不典型」的反應，勢必會增加判定的難度。孫一信記得一次陪被害人去報案，製作筆錄時她不知想到什麼，竟咧嘴笑了起來，氣得媽媽當場甩她耳光：「你乎人睏去了，還在笑？」這樣的畫面，真令人哀傷。

有家屬形容被害人的心情是這樣的：

> 我覺得還好，最主要我覺得她還是這樣，她沒有因為這件事受到影響這樣子，她跟我講的只是說，她很心疼她那個褲子被剪破了，對呀，她生氣是這樣子，應該來講這件事讓她不舒服，不愉快，可是不至於讓她造成很大的一種……她不會針對那件事影響多大，她反而，我覺得她是無形中的，因為他們不會講，那是無形中的東西。[4]

性侵害案件的智障者可能是被害人，也可能是加害人。如果是後者的話，刑罰對於他們的意義是什麼？他們是否瞭解自己做錯了？

「喔，這個就更複雜了，」孫一信說，「就我們經手個案的經驗，他們通常都是欺負比他弱小的兒童，或者同樣也是智能障礙的，極少是對一般人。他們通常生活形態很固定，不太知道怎麼掩飾自己的行為，很容易被捉到，被捉了有時會用《刑法》第十九條（行為時因精神障礙或其他心智缺陷，致不能辨識其行為違法或欠缺依其辨識而行為之能力者，不罰，或能力顯著降低減輕罰則）去判。不過這又是另一個問題了。你要判斷

4《智障性侵害被害人之家屬司法系統求助經驗探討》，張淑貞，東吳大學社會工作學系碩士論文，頁一〇三，二〇〇五。

他能不能控制？是可控制而未控制？還是不可控制而未控制？」

在手機網路如此普遍的時代，智障者很容易獲取與性相關的資訊。若是得到的資訊有所偏差，照顧者又無法提供正確的性觀念，包括對生命的尊重及重視對方的感受，他們可能會模仿不當行為而做出傷害人的事。孫一信以實例說明給我聽：

「有個嫌疑犯是高中生，智障兼自閉，涉嫌拿筷子戳小女生下體。我是他的輔佐人，他是從頭到尾否認，至於那個小女生不到六歲，她的陳述是不是真的？也很難判斷。小女生的母親堅持一定是他做的，因為女兒有指認，我們也認為很有可能，但是沒有直接證據，怎麼辦？後來我建議少年法庭的法官，既然沒有證據，又要給被害人一個交代，不然就責付他去庇護工廠，白天有老師管，晚上有爸媽管，這樣比較好。現在這個嫌疑人在洗車廠工作十幾年了，狀況都很穩定，沒出過什麼事。」

「你覺得他們為什麼要這麼做？純粹是性衝動嗎？」我問。

「有可能是這樣，也有可能是太無聊了。」孫一信如此答覆，「他們最常做的不是性侵，而是猥褻，他們喜歡一個人，不知道該如何互動，又不擅於表達，就會做出我們認為猥褻的動作而觸犯《刑法》。其實有時候也不見得是猥褻，而是『行為問題』，是可以被矯正的，第一行為工作室[5]的張文嬿專門在處理這種問題。」

孫一信說，張文嬿輔導過在捷運裡見人就抱，多次被送進精神病院的「捷運之狼」，發現他的問題在於生命中經歷過許多痛苦，因過度焦慮而引發精神分裂，只要焦慮來襲時就想抱人。張文嬿協助他從受傷的人際關係中找回安全感，給他一個背包，裡頭放了家人照片、小錢包、喜歡的布玩偶，建議他只要不舒服就摸摸背包，看看裡頭的東西。這個做法果真管用，每當他感到焦慮時，只要摸摸背包，就可以慢慢放鬆，情緒愈來愈穩定，再也不會見人就伸手亂抱了。

正如每個人都需要愛與安全感，智障者的性是如此具體而真實，基於保護的理由，讓他們被強制隔離與預防性列管，這麼做，對嗎？孫一信以為，關鍵在於如何看待他們的性需求：

「智障者性的出口在哪裡？尤其是輕度智障者，他們必須融入社會，可能在基層做搬運工、種竹筍，進入勞動階級的生活經驗，性經驗不可能是完全空白的。我訪視過一個個案，輕度智障的孩子，他說手機被偷了，被人扣押起來，要我去幫他拿回來。我聯絡派出所找到扣押的人，靠夭，是按摩店的老闆，原來孩子去打手槍沒付錢，手機就被扣了。後來我問孩子說，你去那邊做什麼？他說，去按摩。我問他，然後咧？他說，然後，我就睡著了。這孩子我很熟，我就跟他說，你給我騙，以為我不知道？他就笑出來

---

5 臺灣處理重度智障和自閉症嚴重行為問題的專業私人單位，隸屬第一社會福利基金會。

了。」

孫一信提到另一個例子：智障女性被陌生男性搭訕，帶去旅館開房間。乍看之下，男子是利用智障者乘機性侵，但孫一信懷疑內情沒有這麼單純：

「你想想看，男生看到女生落單，招她去玩，她也沒拒絕，坐上機車就被他帶走，你覺得一般男生會這麼做嗎？我覺得不會耶，我懷疑這個男生只是沒有領冊（身心障礙手冊）的。曾經有典獄長表示，很多受刑人的智能障礙事實是到了監所才被發現，這表示他們在司法審訊過程中沒有提出聲請，或是法官沒有採納送醫鑑定。剛才我說的那個男生後來沒有被判刑，因為這算不算乘機性侵？這個女生是沒有同意，但也沒有拒絕啊，那我們是不是要用《刑法》去判？在保護被害人跟性關係那麼複雜的情況之下，要如何取得平衡？只要女生是智障，跟她性交就要被判有罪，這是立法方向嗎？我覺得這個是我們需要討論的。不過整個社會的氛圍看起來是認為男生罪大惡極……哎，我覺得也是可憐啦。」

智障者做出不適當的肢體碰觸，或是出現強凌弱的暴力行為，我們偶有聽聞，只是有的情況不算嚴重，有的顯露程度不足以引起注意。為什麼鮮少有人討論這個問題？因為我們的教育體系與社福系統向來視智障者是「無性」的存在，他們是陽光下的「慢飛天使」，天使是沒有慾望的。

根據智能障礙的分級，極重度心理年齡為三歲，重度介於三至六歲，中度介於六歲至九歲，輕度則是介於九歲至十二歲。對照《刑法》十六歲以上男女擁有性自主權的規定，可見不論智障者年紀多大，他們永遠也無法達到擁有性自主權的下限，一輩子都不可能決定自己「要」或「不要」。我們常說要尊重智障者的意願，只要碰到跟性有關的議題卻又充耳不聞，顧左右而言他，實在是矛盾極了。

孫一信認為，在指導智障者性教育的過程，必須先承認性是天生具備的能力，是自然而然就會的，必須指引他們在合宜的環境、尊重對方的情況下才能發生關係。他也強調，如果社區服務做得扎實到位，應可大幅避免性侵害發生：

「他們常常沒事做，在社區晃蕩，就會出現奇怪的想法，因為太閒，時間太多，就會想到身體的需要。如果社區服務很充實，像社區日照、小作所（小型作業所）、庇護工廠和其他就業服務做得夠好，讓他們的生活有結構性的安排，問題就會少很多。」

討論性，不是鼓勵性行為，而是知識與心態上的解放，不再把性當成禁忌，帶著平常心以理性看待。沒有人能否定智障者有性的需求，這不是理論，而是真實的經驗。但同樣真實的經驗亦告訴我們，智障者被性侵的比例居所有障別之冠，面對如此險峻的事實，該如何因應呢？

2 走進法庭

刑事訴訟是採取嚴格的證據裁判主義與無罪推定原則，若要判有罪，不能只靠揣測，而是要靠證據，只要有其他可能性，就必須懷疑。如果當事人是智障者，如何在缺乏證據，只有他們反覆不定、欠缺精確描述的說法中釐清真相？

這讓我想到香港的康橋事件。

設立於一九九七年的康橋之家，是專門招收智障人士的私營機構。二〇一四年，創辦人張健華涉嫌在辦公室對智力八歲、生理年齡二十一歲的女院生性侵，院生母親從其他院友手機中看到影片，畫面中張健華疑似在辦公室與女院生發生性關係，事情才曝了光。

這件案子有沒有證據？有，除了那段手機影片之外，女院生親口指控張健華用陰莖插入她的下體，而且辦公室垃圾桶裡的六張紙巾上，同時有張健華與女院生的DNA。檢方希望女院生出庭作證，因她罹患創傷後壓力症候群無法出庭，檢方迫於無奈，決定放棄起訴。

可是張健華心有不甘，覺得自己花了二十萬港幣打官司沒被起訴，是司法對不起他。他以「律政司在證據不足下提出控訴，導致案件審訊拖長，對其造成心理負擔和壓力」為由，向法院索討訴訟費用。法庭駁回申請的新聞見報後引發社會熱議，張健華眼見外界質疑，主動澄清幾項疑點：

一、他幾乎二十四小時都在辦公室，又一直有夢遺的問題，垃圾桶有沾有他精液的衛生紙，並不足為奇。[6]至於為什麼衛生紙上也有女院生DNA？他的解釋是，女院生從垃圾桶掏出他用過的衛生紙擦嘴巴，才會同時有兩人的DNA。

二、女院生經常無故闖進辦公室，其他院生拍下的影片，是他要求女院生離開房間，女院生拒絕，與他發生拉扯，才讓人誤以為兩人間的拉扯是發生不雅行為。

三、張健華另外提供院方監視器拍下的另一段畫面，顯示他與女院生在辦公室共處三分鐘二十八秒。他說，他是故意擺動身體，用滑稽動作逗女院生開心，不是發生性行為。

---

6 張健華在寫給律師的信中稱「紙巾是我打飛機後先放在垃圾桶」，說法前後不一。記者問他為什麼改變說法，他說：「如果寫夢遺，我要請法醫驗身，我無錢請法醫，先寫打飛機。」記者又追問一旦案件開審，他若在庭上稱自己自瀆，但實情是夢遺，是涉作假證供，他辯稱：「打飛機又好，夢遺又好，唔係差好遠。」見〈張健華專訪　強辯一時夢遺一時自瀆，疑點未消〉，勞顯亮等，《香港01》，二〇一六年十一月十八日。

四、他指控女院生有被害妄想症，他才是「真正的被害人」。

這樣的說法，當然沒人相信。但整件案子就是沒有一刀斃命的證據，張健華得以安全下莊。

事實上，這不是張健華第一次涉及性侵害。二〇〇二至二〇〇四年，他涉嫌猥褻兩名智商低於五〇的女院生，包括伸入衣服裡撫摸胸部，用手指插入下體。開庭時，其中一名女院生推翻原先說法，表示是想離開康橋才隨便亂說，另一名女院生則是無法完整陳述，只一再強調她很討厭院長。法官認為兩名女院生是好友，經常交換經驗，揭發此案的職員又與她們關係匪淺，無法肯定說詞是否屬實，基於無罪推定、寧縱毋枉的原則，判處張健華無罪。

事隔十餘年，張健華又以性侵害嫌疑人的身分站上法庭，再度因證據不足全身而退，這讓法官陳廣池感慨說道：「控方是在無奈的情況下才撤消對被告的指控。本席認為這可說是被告的『幸運』，而且是受害人或社會的『不幸』。」

有人受到了傷害，卻沒有人被定罪，法律能做的，就是如此有限。

每當性侵害案件發生，法律程序總是要求檢察官舉證，就被害人的角度看來，等於要他們證明自己沒有說謊。此外，法官總是反覆詢問被害人，而不是懷疑加害者是否施暴，是否是陷被害人於不利的位置？我問過孫一信這個問題，他給了我這樣的解釋：

「我們現在就是罪刑法定主義，[7]**性侵案構成有一定要件，沒有違反要件要怎麼辦？我們必須考慮到法律的極限，兩邊必須平衡，如果不從這樣的角度思考，不知有多少智障加害人是冤枉被關在裡面。**早年智障者在審判過程中被羅織入罪的很多，像筆錄亂做、誘導詢問，宣布破案以後被捉進去關，可是家長寧願孩子被關，也不願易科罰金，反正關在裡面有人照顧，又有飯吃，典獄長還會特別照顧，這種事情很多啦。如果不是依照無罪推定原則的話，案子怎麼破的？還不都是找這些智障的人扛！」

孫一信有這樣的感慨，不是沒有原因。一九九五年，臺北市內湖分局逮捕有偷竊前科的嫌犯趙姓智障者，經過借提和偵訊筆錄之後，發現他同時犯下內湖國小女老師性侵命案，他本人亦坦承犯行。趙媽媽心想，這兒子性情溫和，又很膽小，不致做出如此膽大包天的行為，於是向智總求助。經過智總及律師協助，總算透過ＤＮＡ鑑定還給趙姓男子清白。明明沒做的事，為什麼要承認？事後趙男說，警察給他飲料和香菸，他很高興，所以不管問他什麼，他都承認。

像智障者這樣的弱勢證人，因為認知能力與表達能力有限，向來很難斷定證詞的可

7 如果國家想處罰某個行為，必須要於法有據，目的在於讓人民瞭解哪些行為是不被允許的，也有避免國家任意陷人民入罪的目的。

信度。法律之前，人人平等，但是用同一把尺，要求智障者——不論是被害人還是加害人——與非智障者接受同樣一套詢問模式，當然不盡公允。什麼樣的方法既可以揭露事實真相，又能減輕對當事人的傷害？

目前有兩項制度，可在偵辦過程中透過專業協助，盡可能釐清真相，一是早期鑑定，一是司法詢問員。

早期鑑定是從二〇一〇年高雄市「性侵害案件專業團隊早期鑑定制度」開始的，主要用於十二歲以下兒童跟智障者。這個模式有點像精緻化的一站式減述流程，法院指定委託鑑定醫院組成醫療團隊，透過兒少精神科專業醫師、兒童臨床心理、社工師等輔助檢察官當面詢問，協助判斷創傷反應、智力狀況、表達能力及證詞可信度。如此一來，筆錄具有證據能力，不再只是傳聞證據，檢察官也可立刻釐清案情，避免個案證詞受到汙染，或因時間過久而遺忘案情。

高雄市的早期鑑定是結合減述作業辦理，只要是進入早期鑑定的案件，警政單位會報請檢察官指揮偵訊，由社工填寫個案摘要，聯繫醫療團隊及檢察官選定時間搭配減述流程進行。減述作業本來就有「必要時得請醫療或相關專業人員協助」的規定，不過早期鑑定更強調醫療團隊的專業角色及定位。目前除了高雄市之外，臺北市、新北市等地亦有提供相關服務。

另外是司法詢問員。為避免詢問者因預設立場而忽略細節，或使用誘導、封閉、重複問題，影響兒童或智障者證詞可信度，二〇一五年《性侵害犯罪防治法》增設第十五條之一「兒童或心智障礙之性侵害被害人於偵查或審判階段，經司法警察、司法警察官、檢察事務官、檢察官或法官認有必要時，應由具相關專業人士在場協助詢（訊）問。但司法警察、司法警察官、檢察事務官、檢察官或法官受有相關訓練者，不在此限」，並於二〇一七年實施。從此司法詢問員正式引進司法實務工作，讓受過訓練者在偵審階段，擔任弱勢證人與司法人員之間的橋梁，協助偵辦人員轉達正確的問題，也幫助弱勢證人揭露經歷。

目前公部門各單位的司法訪談訓練有不同方法、程序與流派，都是透過不汙染、不誘導的方式，瞭解當事人的認知、陳述或作證能力，並進行適當評估。以衛福部使用的美國國家兒童健康與人類發展研究所（National Institute of Child Health and Human Development）的調查詢問程序為例，大致可分為介紹、建立關係、敘說練習、取得指控、實質問案、調查事件、結束等幾個階段，讓詢問員在短時間與當事人建立關係，營造舒適支持的環境，使用非誘導、非暗示、且適齡的問題提問，如此可在展開訊問時保持證詞的品質與真實性，減少被害人接受訊問的次數，也較不易產生多次訊問造成說法前後不一的狀況。

法官不是萬能，不可能精通所有專業。每個法官社會閱歷與人生經歷不同，對同一件事實的認定會有差異，就算專家提供鑑定意見，仍可能因認知不同（例如A法官認為是「衡諸常情」，B法官卻認為「與常情有違」），在證據的取捨與犯罪事實的認定出現歧異。

二〇〇九年，花蓮中度智障少女A連續被六名男性以「帶回家玩」、「一起種菜」等理由，誘騙她發生關係，事後給她幾百塊錢花用，直到輔導老師發現她情緒起伏不定，又經常請同學喝飲料才發現真相。事後七名被告（六名男性嫌犯及一名女性共犯）均稱沒有強迫A女，花蓮地檢署仍以違反《刑法》第二二五條乘機性交罪「行為人利用被害人的精神障礙、身體障礙、心智缺陷或其他相類似的情形而性交，被害人因前述情形而不能或不知抗拒」起訴七人。

待案子移送花蓮地院，七名被告在一審均被判無罪，主因是法官不認為A女的智能障礙已達「不能或不知抗拒之程度」。根據花蓮地方法院刑事判決九八年度訴字第五三一號判決文，無罪理由大致如下：

一、根據精神醫師鑑定報告，A女智商四十，語文智商四十一，作業智商四十二，符合中度智能障礙的標準，是屬於「可訓練的」，只要在適當特殊教育下，經過協助可以擁有職業與社交技巧，顯示「A女僅因智能障礙而容易受到利誘或脅迫，並未達到不能或不知抗拒之程度」。

二、輔導老師說，學校每年都有安排性教育課程，包括性器官認識、哪些部分別人不能觸摸、男女交往之界線，也有教導學生自主意識及演練如何拒絕，如大叫、離開現場、推開、說No、報告大人或老師等動作。既然A女演練成績都是一百分，能夠做到老師的要求，「益徵A女具備日常生活應對之能力，亦瞭解男女之別，就性行為並非無辨別或判斷之能力。」

三、檢察官詢問A女：「〇〇到底有無與你發生性行為？」A女搖頭不語。檢察官又問：「有還是沒有？」A女還是不發一語，但「看來羞澀、不悅、眼神與表情亦有所保留，可見A女之心智狀態雖於表達能力與組織能力上較一般正常成年人為低落，然依其於本院之言語，仍顯示其就男女間之親密行為有相當之羞恥感，亦得認其經由長期學校教育，已有男女之防之觀念，故依其身心障礙之客觀狀態，對於異性之性交行為，應未達不能或不知抗拒之程度。」

這份判決看得我一頭霧水。精神鑑定報告說，A女「經適當協助可擁有社交技巧」，可是擁有社交技巧，就代表具有呼救或抗拒的能力嗎？輔導老師說，A女性教育演練一百分，然而具備性知識，就表示可以辨識他人的惡意嗎？法官說A女聽到性行為時「面露羞澀不悅」，難道面露羞澀不悅就是對性有羞恥感，面對惡意知道抗拒嗎？

這件案子經檢察官上訴，到了二審時改判六名男性嫌犯有罪。原因是什麼？從臺灣高等法院花蓮分院九十九年度上訴字第二三九號及最高法院一〇二年臺上字第一一六九號判決文可知以下梗概：

一、A女應沒有虛構事實、誣指被告人的動機。A女描述案發經過時，雖有陳述前後不一，甚至互相矛盾的情節，但六名嫌犯均坦承與A女性交（但否認有強迫），也給她金錢花用，與A女說法大致吻合，「顯然A女對親身經歷的事能完整陳述，說法應可採信」。

二、合議庭重新審視輔導老師的說法，認為老師並未說出A女「演練成績都是一百分，能夠做到老師的要求」這樣的話來，應是法官有所誤解。還原當時輔導老師與檢察官的對話如下：

師：我們學校學生沒有舉一反三的能力，上課的情境是我設定的，但是面對不一樣的情境，不一樣的人，被害人可能就沒有辦法反應。

檢：針對本案情節，有無實際演練過？

師：沒有。被害人有教導過她的，再過一個寒假，她就忘了，所以她有可能會有不記得的情形，所以可能超過一段時間，被害人就不會了，而且情境不同，被害人也沒有解決問題的方法，例如我們在講蛀牙的防範，不可以吃糖果，但她碰到很多糖果時，也會不由自主拿起來吃；依其對A女的瞭解，她滿缺乏舉一反三之能力，例如常教導她冬天要多穿衣服才不會感冒，但是常看到她還是穿很少。

檢：是否曾經證述被害人無法按自己的自主意識決定性行為或如何表示拒絕，這部分很難教，被害人可能無法理解？

師：是，因為我覺得被害人是我學生中，家庭教育與學校教育有衝突的，這些事都是在放學後碰到的，所以我認為被害人在學校可以按照我們的教法，但是回到家裡，可能是另一種情境，所以對被害人的教學效果是不佳的。

檢：為何上過這些課程，被害人仍說不知道如何拒絕？

師：可能被害人知道不好，但是真正碰到情況的時候，她無法拒絕誘惑，另被害人家庭成員非常多，家境不好，所以物質缺乏，也缺乏關愛，如果對方比較關愛她，她覺得被注意、關愛，且被害人的心智年齡比較低，會比較畏懼大人，這是個人的想法；在通報的前二個星期，發現被害人出現一些反常的行為，通報當天，被害人和班上一個男同學吵架，就問她為何心情不好，被害人說「因為村子裡的人都罵我，其實不是我自己要去的，是丫頭帶我去的，丫頭害我的啦，關在房間裡，給我喝酒」，被害人並沒有說到性侵害的字眼等語。

從這段對話可以得知，輔導老師否認A女有能力抗拒他人引誘，並非一審所稱「瞭解男女之別，就性行為並非無辨別或判斷之能力」，因此二審以為「被害人顯有因心智年齡較低，且因家境問題，缺乏物質及他人之關愛，於受他人關愛時，即不易拒絕該人之情形，從而，被害人對他人對其性交時，是否知悉抗拒，即值斟酌」。

三、花蓮地院委託具多年輔導經驗的專家證人鑑定A女智力，認為輔導老師講的身體自主權等概念對A女來說相當困難，因教材只確認什麼部位不能被碰，她未必瞭解別人不可碰觸或恐嚇她。這位專家證人說：

舉一反三是抽象思考的能力，對智障者的孩子，是沒有辦法有這個能力，因為他們抽象思考是不足的；另外對於時間的記憶，對中度智障者來說是有困難的，他可能可以看現在是幾點，但是他沒有推算的能力，所以時間不見得會記得，他們只會記得重要的事情，不會記得確實的時間，所以問時間的話，對他們而言，回答是有困難的，因為時間是屬於抽象思考的記憶……如果是她經歷過的事情，她是可以確認記得的，如果講地點，可能牽涉到空間的概念，所以無法詳述正確的地理位置，只能描述大概的名稱，如果要虛構的話，智力要很好，也要瞭解事物的因果關係，輕度智障以上的人才有虛構的能力，被害人並非輕度的精神疾患，所以其認為被害人虛構的可能性不大。

最後二審做出結論：

本件被害人A女因患有中度智能障礙，無辨識抽象事件之能力，於社會適應上，隨機應變能力薄弱、自信力低，順從性極高，易依他人指示而為，就他人對其性交行為時，有不知抗拒之心智狀態……被告等辯護人辯護意旨指稱A女具備日常生活應對之能力，亦瞭解男女之別，就性行為並非無辨別或判斷之能力，而非有不能抗拒云云，自難採認。

……原審未查，徒依A女之陳述及老師所述學校教導之課程，即認A女雖患有智能障礙，然不能證明A女身心之客觀狀態對性交一事，其識別能力全然缺乏，或較一般人顯然減退致無法理解、判斷，而未有「不知」或「不能」拒抗之狀態，遽認被告等人行為尚不構成公訴意旨所指乘機性交罪而為無罪之判決，顯有調查未盡及認事用法未恰之處，檢察官上訴指摘原判決不當，容有理由，本院自應撤銷改判。

最後六名男性被告以乘機性交罪被判刑，上訴三審被駁回，全案定讞。

這起案例顯示了幾個值得探究的議題：

一、兒童或智障者有沒有「性概念」，跟有沒有「同意能力」，恐怕是兩回事。像A女這樣上過性教育的智障者或有基礎性概念，但要以此推論她瞭解什麼是性行為，知道如何抗拒性侵，不是沒有問題。

二、如果評斷被害人是否處於「無法抗拒」的標準，不是被害人是否有障礙手冊，而是他的身心狀態，包括對性的認知，說「不」的能力等，那麼標準是什麼？誰來認定？目前並沒有一致標準。

三、《刑法》二二五條乘機性交罪將被害人的狀態稱為「不能或不知抗拒」，但智障者的「不能或不知抗拒」，不像一般人是酒醉或昏迷而暫時失去意識，而是無法確定他的心神意識與個人意願。在這樣的情況之下，只要與智障者發生性關係，是否一律可使用「不能或不知抗拒」來解釋？

通往理解與真相的道路，果然漫長而分歧。

智障性侵害案件會走進法院，多半是家長的決定，訴諸司法的原因無他，無非是想討個公道。然而家長通常欠缺法律常識，對訴訟程序又很陌生，若是遇到不夠友善的執法環境，很容易心生不滿。

首先，仍是減述的問題：

……一遍一遍問到半夜這樣子，弄到凌晨不知道幾點，整個晚上都在那邊問，社工有陪我們，還有一個女警……我不知道是檢察官還是怎樣，就是有一個在諮詢在問案登記的……就問得很晚。我覺得我們是犯人，那時候我感覺我們是犯人……他是一個程序，可是我們很累啊，而且像她受了一個傷害這樣子，我覺得如果是我發生這種事，我一定崩潰，她不是像我們那麼敏感那麼深刻，她反而比我們平靜，那我想說，如果一般人早就瘋掉，剛面對這樣的事情又要去醫院，醫院完又要做調查，然後又要重回現場。

◇

……她就一次又一次，一次又一次，一直換人再換人再問，就一直問同樣的問題……換了好幾個檢察官，因為我去了好幾次，問案的人不是都一樣的……之前就是一個月還是多久，剛開始還比較密集，五次吧。[8]

其次，是執法者的態度：

據理力爭，可是沒有效，講愈多那檢察官愈反感，講愈多他愈覺得我們說謊。

◇

他講一句話，他說什麼誣告的部分我們最好要承認啦，直接叫我們承認，說你們最好趕快認罪啦，法官會諒在你們初犯啦，會給你們一個機會這樣子。我就講說，那我就當場說我明明沒有做這樣的事情，你要我怎麼承認？他說給你一條生路啦，你要這樣講我也沒有辦法：我實在是難以接受，怎麼可以去慫恿一個沒有犯罪的人去認罪？你這樣跟那個逼供有什麼不一樣？太離譜了，離譜到極點。

◇

他急著結案，就當庭指著我妹的鼻子說，你明明說謊我一定要起訴你，我覺得這對一個身心受傷害的人，你這樣額外增加她的傷害，你這樣子，我覺得太不應該，太不人道，太沒有良心了，這樣的檢察官沒有資格當檢察官……她說她本來一個人走，從我們家三重走到臺北橋這樣子，走整條橋，她說她待好久，她本來好想往下跳。[9]

再者，是審判過程與結果不如預期：

可能我們認為我們是被害者，所以我們應該比較受到不一樣的待遇啦，可能那是我們自己認為，不是法官認為……處理這種事情不管是加害人還是被害人，我都是同樣一種心態去面對，這樣才是公平吧。如果說站在他的立場想是這樣子，我才能平衡我自己的情緒啊，可是你想想看，如果再遇到這種事的話，誰會去報案啊？[10]

◇

沒有站在我們被害人的心境上，反而站在加害者，因為他們問得很清楚，為什麼要問得很清楚，他說怕說判重判輕，這不是針對加害者，對不對，沒有站在受害者的身上……然後他一直問那個，我都覺得他只是在針對加害人而已，確認他有沒有做這種事，不要說他沒做被判了。[11]

8《智障性侵害被害人之家屬司法系統求助經驗探討》，張淑貞，東吳大學社會工作學系碩士論文，頁五五至五六，二〇〇五。
9 同注8，頁六三。
10 同注8，頁六五。
11 同注8，頁六七。

我覺得政府的法律不管什麼，都對老實人沒有錢沒有勢的人都忽視啦，今天如果說是一個有名的，他敢這樣嗎？他會這樣處理嗎？對不對，這很多不公的不合理的。可是就這樣啊，我們只有忍耐啊，除了消化我們的怨氣，不然怎麼過日子？[12]

◇

司法的判決原則，常與市井小民的判斷不同。法庭著重的是事實與法律，而不是情感或同理，被害人家屬認為不被尊重，受到傷害，固然令人不捨，然而法庭從來就不是只從被害人的角度看問題，自然也就無法、也無暇處理他們內在的創傷。

性侵害案件總是牽動著人們內心最柔軟的一塊，即使如此，我們仍應思考，我們要的是什麼樣的司法？什麼樣的正義？是堅持正當司法程序，讓證據說話？還是放鬆證據門檻，做出符合民眾期待的結果？

法官是人，但我們都希望他們是超人，判決的艱難，就在這裡。

12 同注8，頁八四。

五、變色的童年

1 南國菩薩

第一次聽到童書作家幸佳慧形容張萍是「南國菩薩」，心裡不覺生出許多感觸來。人本基金會校安中心主任張萍南征北討處理校園性侵案、調查加害人惡行劣跡從不手軟的事蹟，我當然知之甚詳。[1]她個性坦率，說話直接，每次出現在公開場合的畫面不是拉布條抗議，就是厲聲斥責官方及校方的無所作為，很容易予人「驃悍」、「難搞」的形象。若不是心疼受傷的孩子，是不可能花那麼多力氣支持與陪伴他們的，佳慧畢竟瞭解張萍，所以在她眼中的張萍，不是降伏四魔的怒目金剛，而是時時低眉的南國菩薩。

張萍總是把自己與處理過的案子牢牢織成一個任誰也解不開的死結，那樣的執著，簡直到了死腦筋的地步。我清清楚楚記得，那是二〇一六年冬天的事，她打電話給我，說她終於找到鍾〇〇了，八年前僥倖逃過牢獄之災的狼師，那是一種揉合了興奮、哀傷與憤怒的複雜情緒。

「真的假的？你是怎麼找到的？」

「就下班沒事滑手機啊，就被我找到了！」

前情提要一下。二〇〇八年，人本南部辦公室接獲民眾投訴，擔任某校體育組長的鍾〇〇多次性侵女學生（他總是等到學生滿十六歲才下手，事後辯稱是你情我願以逃避刑責），校方沒有依法通報，只是將他調離體育組長一職，教評會則以「老師已提出和解」、「老師疑似罹患精神疾病」為由，做出停聘兩年，接受三十六次心理輔導的處分。直到張萍他們跑去學校拉布條，開記者會，迫使教育部中部辦公室（現國教署）退回停聘處分，校方才將「停聘」改為「解聘」，並將案子移送警局進行調查。但因被害女學生不肯做筆錄，婦幼隊沒辦法移送，最後鍾〇〇只是失去教職，並沒有刑責。他默默改了名字，從此下落不明。

張萍一直沒有忘記他，她很擔心這個經驗老道、手法高明的男人離開了杏壇，仍躲在某個不知名的角落對孩子伸出魔掌。八年來，她四處打探他的行蹤，就算遍尋不著，也沒有放棄。那日她閒來無事，腦海冒出那個既熟悉、又陌生的面孔，順手用手機google鍾〇〇的新名字，螢幕出現一則兩個月前的新聞：[2]某民代前往育幼院致贈中秋節慰問金，育幼院長鍾某某表示感謝……

就像往事甦醒了一般，記憶在她胃裡像流水般攪動。她不明白，一個有性侵前科的老師，怎麼可以去育幼院擔任院長？萬一又有孩子受害，怎麼辦？

第二天一早，她立刻打電話到育幼院，找到昔日的鍾老師，今日的鍾院長。鍾〇〇使出哀兵之計，質疑她為什麼追殺他？張萍說，我沒有追殺你，我只是覺得你不可以當育幼院院長。鍾〇〇說，可是我還有父母要養，你這不是害我沒頭路嗎？張萍憤憤地說，三百六十五行，你為什麼非做跟孩子有關的行業不可？

依張萍的個性，當然不可能放過這個人。人本基金會召開記者會揭露此事，沒想到鍾〇〇趕在記者會之前，悄悄請辭院長一職，再度消失於眾人眼前。[3]

二十年來，張萍經手過的校園性侵害及性騷擾案不計其數，碰過光怪陸離的事可多了：狼師親女學生，校長替他緩頰：「老師只是沾一下嘴而已啦」，教育局長則是解釋：

---

1 詳見拙作《沉默》與《沉默的島嶼》。

2 http://tatzu.compassion.org.tw/0512-stories.aspx?news_id=416

3 教育部設有「不適任教師資料庫」，原非教育界人士無法查閱，鍾〇〇才會離開教育界後得以轉往社福界發展。直到人本召開記者會說明鍾〇〇轉任育幼院一事，二〇一九年衛福部與教育部才開始互通資料，避免有性侵紀錄者兩邊流竄。

「老師把學生當女兒疼」；老師硬脫學生胸衣，教師會會長辯解：「此事是否達到行為不檢，有損師道，界線還很模糊」；性侵學生的狼師沒被解職，只是考績丙等，校方說法是：「只是對學生有不禮貌行為」……當然，這些都是很久以前的事了。我問她，現在情況應該好多了吧？張萍癟癟嘴，沒好氣回我：「才怪！」

兩年多前某個夜晚，她傳訊息問我知不知道臺南S國小的案子？我說，知道啊，市議員都出來開記者會了，不是嗎？她說，她估計被害的絕對不只出來指控的小孩，很想往下查。我問要怎麼查？她說，上臉書的地方社團啊，應該可以找到線索，並慫恿我一起查案。我半是恐懼，半是推拖說，唉呀，不要啦，哪有那麼多時間？便沒再特別留意這事。

幾個月之後看到新聞：「曾獲資深優良教師獎的小學男老師張〇〇，今年三月底被爆曾性侵女學生長達兩年，人本教育基金會懷疑案情並不單純，繼續往下追查，三個月來竟又找到十多名被害人，並驚覺有人早在二十年前就受害……」這個「懷疑案情並不單純」的人，顯然就是張萍了。三個月就找到十幾個被害人，她是怎麼辦到的？

「我在臉書地方社團的留言看到有人說自己是被害人，或是聽過別人被害，只要有線索，我就私訊去問。那時加入他們社團還不需要被問問題，問你當地特產是什麼？最大的超商是哪間？後來要加入社團還得回答那些問題耶，否則我根本不知道。那些留言都不是用真名，大家就會比較敢寫，我只要看到有蛛絲馬跡，就每一個人都發信，簡單介紹我是人本的張萍，我以前查過什麼案，需要你幫忙，一個晚上就聯絡上好幾個被害人。」

「你又不認識她們，她們為什麼願意講？」這些年來，她遇過幾百名被害者吧，他們為什麼願意向一個陌生人全盤托出？

「她們不知道要找誰談，有些人可能碰過壁，就縮回去了。她們其實是很需要談的，一個祕密守在心裡二十年是很痛苦的事情，需要有一個出口。」

我親眼見過張萍跟孩子相處的模樣，他們只要見到張阿姨，總是熱絡撲向她，撒嬌似地膩在她身邊，急著跟她說話。我形容那樣的場景「充滿母性光輝」，她聽了大笑不已。我問孩子為什麼喜歡張阿姨？他們的說法是「她對我很好」、「她會陪我說話」、「她幫我爸爸很多忙」，有個小男孩的回答好直接：「她不會看不起我。」

S國小事件爆發後，張萍發表〈靠小紅帽和大野狼能防淫師嗎〉，企圖透過媒體尋找新的被害人：

我們處理校園性侵害二十年，發現受害者多為文靜乖巧的學生，加害者多為累犯，學校為維護校譽大多選擇隱匿。直到十年前，我們移送吃案的兩位校長到監察院，通過彈劾後，學校才不敢吃案，校園性侵通報量因而暴增，所以，校園性侵其實沒有增加太多，以前數量比較少是因為都是黑數，沒有浮上檯面……

關於臺南此起事件，我最擔心的是：極可能還有其他受害學童。為了避免家長因資訊不清而擔憂，以及順利找出其他受害學童，教育行政機構應該在保護及保密的原則下，向該師任教過的學生家長說明原委以及校方可以提供的協助，並請家長觀察子女反應，和學校的單一窗口保持密切聯繫，才能讓政府資源及時進來協助受害人，並有效追究淫師該負的法律責任。[4]

果然不出她所料，文章發表不到一週，又有好幾位校友主動聯繫，被害地點除了S國小，還包括張〇〇過去任教的N國小。「有人私訊給我，說有其他學生受害。那天我在外面開完庭，發現時間還早，想說去找那個人好了，就直接殺到他辦公室去，好死不死他居然在。（我問：他有沒有嚇到？）我告訴你，沒有，他看到我說，我就知道你會來找我，已經有心理準備了。不過他好像以為人本是官方單位，是公權力在調查，所以什麼都說了……也是有這種搞不清楚狀況的人啦。」

「真的？他跟你說了什麼？」

「他說，他以為學校有依法辦理，所有該走的程序都走了，沒想到根本就沒有。他還說，他知道有家餐飲店老闆的女兒也是張〇〇的學生，也有受害，我就跑去吃，起碼吃了三次吧。第一次去，老闆女兒不在。第二次去，才知道女兒早就結婚了，正在坐月子，人家在坐月子，我怎麼好意思打擾人家，而且又是談這種事？第三次去，我跟她媽媽談了一下，覺得她媽媽不是很清楚狀況，不知道詳情，也沒有很想講，後來就沒去了。」

「你總共追出多少被害人啊？」我知道她查案有如拚命三娘，可是每次聽她描述調查經過，還是佩服得五體投地。

「二十個有吧，有的是我自己找到的，有的是同班同學幫忙找的，所以我們有找到不同學校、不同屆的校友，從二十歲到三十歲都有，時間跨了十年。你看，我從三月底看報知道案子，七月初開記者會，只查了三個月，就查到那麼多人，而且記者會之後還冒出新的，你就知道被害的學生有多少！」張萍說時，眼神炯炯發光。

「你哪來那麼多時間？」

「也沒有啊，有時候你把線頭丟出去，等有回應了再來處理就好。只是我必須配合他們的時間，他們多半假日或晚上才有空，配合他們的時間才能見面訪談。」

4〈靠小紅帽和大野狼能防淫師嗎〉，張萍，《蘋果日報》，二〇一九年三月二十八日。

「他們都不認識你，就願意跟你談喔？」關於這點，我一直很好奇。

「嘿呀，我也不知道為什麼捏，我覺得這還滿神奇的。不過我也會有壓力。有時我陪她們去警察局做筆錄，學校性平調查人員跟著去做紀錄，這樣她們就不必重複一直講，這樣子比較好。可是有的是去學校做完性平調查，再去警局做筆錄，就很離譜了。你如果去看警政署的官網，他們一定會說是『一站式詢問』，全國任何警局都可以報案，可是實際上呢？No，他們還是要你回到犯罪地點，真的很誇張，所以必須從全臺各地回到臺南做筆錄。那次分局只有一個女警，同時五、六個被害人在那邊等，一個下午只能做三個人，根本做不完，剩下兩個人就要另外再約時間，女警也很不高興……」張萍忍不住翻了白眼。

這讓我想起社工莉莉提到她帶孩子去報案的慘痛經驗（見頁四九）。明明白紙黑字、清清楚楚的規定，偏偏進入執行層面就走了調。

我問張萍，同樣是性侵害案件，校園性侵案與一般性侵案有什麼不同？

「我以前處理師對生的案子都覺得是情慾犯罪，後來才體會到這是權力的問題。師對生的性侵是權力的展現，情慾跟性（的成分）沒那麼高，主要是老師對學生權力的控制，這是我很深的體會。我會一路陪著被害人，看他們是要走行政調查，還是刑事追究都可以，讓他們不只是困在裡面委屈無助。只要願意站出來，就有機會讓加害人被解聘或判刑，這多少對創傷療癒有所幫助，讓他們覺得自己是有力量的。」

這就是權勢性交最無法言喻、最為幽微之處。它是在看似合意的情況之下，展開權力關係的運作，被害人受到這樣的權力壓迫無法拒絕，不得不與加害人發生關係；他們不抗拒，是因為不敢抗拒。

張萍寫過〈你可以不只是受害人〉一文，娓娓道出她的心情：

> 我們順利聯絡上臺南國小老師性侵案相關的數名受害畢業生。我很佩服她們不僅勇於站出來舉發淫師，赴警局婦幼隊告發、接受性平調查，為自己發聲；她們甚至想公開呼籲其他受害人要站出來，讓淫師無所遁逃。因為站出來為自己討公道，讓她們可以不再是「受害人」這個角色。她們在過程中展示了自己的力量，也支持了第一個舉發的小學生；不僅僅幫助到自己，同時也幫助了別人。
>
> 透過舉發行動，她們對外宣示了好幾個重要意義：一、受害人不只一人，淫師是累犯。二、淫師會找具有某些特徵的學童，打破外界對於受害人的迷思。三、這不是學生的錯。四、學校的責任不能只是解聘淫師，更要讓全部真相水落石出。五、性教育要落實，求助窗口要明確，不要讓學生帶著創傷離開校園。
>
> 由受害者轉為運動者，不僅有助於真相被釐清，讓淫師得以順利被法辦，更可以

改變社會大眾對性侵害事件的認知，我非常敬佩她們——臺灣的#MeToo！

在此也要對其他尚未出面的受害者或家長喊話：選擇隱忍不舉發，會造成二度傷害。因為，家長如果感到羞恥或自責，會害怕別人知道這件事而不舉發，就是隱約在暗示受害學生：「這是你的錯！」家長如果選擇金錢和解而不舉發，會讓受害學生覺得：我的痛苦是可以被量化的；或者：你們大人之間的關係和諧比我的感受更重要。

曾經有個爸爸向我們申訴：十年前他就讀小學低年級的兒子和其他隊員都遭到球隊老師性侵，由於其他家長（有任職公務員、警察及鄉民代表等等）都選擇沉默，於是球隊解散，校長立即辦退休走人，就當作船過水無痕般。然而這位爸爸很不甘心，他想為兒子討公道，同時也擔心有其他學童繼續受害，在徵求兒子同意後，便向人本求助。我去家訪時，發現茶几上有一大疊報紙剪報，爸爸說：我把十年來所有師對生性侵害的報紙全部留起來，為的是要告訴我兒子：「不是只有你受害」、「這不是你的錯」。

後來官司順利，淫師被判刑七年，同時也被任教的大學解聘。而他兒子雖然年幼就受害，但從小被爸爸坦然面對的態度所影響，無論是人格發展或學校成績都非常健康順利。由此可知，家長如果以正面態度面對性侵害事件，並站出來舉發，是有助於孩子順利療癒他們的心理創傷，尤其是孩子參與了終止淫師惡行的這段過程，可以讓他們體會到自己是有力量的，這是非常有意義的事。請不要恐慌，讓我們一起努力！[5]

我知道，要寫出這麼平靜的文字，必須沉澱多少憂傷，擱置多少憤怒。既然深知被害人層層疊疊、難以言說的心情，張萍會鼓勵孩子打官司嗎？這麼做，會不會逼得逐漸復原的傷口再度崩裂？

「我會希望他們願意，但是也沒辦法勉強，還是得尊重他們的意願，也要讓他們看到這個事件的意義，就算最後打輸了，在陪伴這些孩子的過程中，讓他們知道他們並不孤單，這個社會是有人在乎他的，也很重要。N國小跟S國小的案子我碰到的當事人，她們都很願意站出來，不見得是為了自己，而是為了幫助其他人，尤其是第一個曝光的小孩，這些大姐姐希望讓外界知道事情是真的，那個小孩沒有說謊。最後她們案子刑事都沒有成立，她們也覺得OK，至少有幫到那個孩子就好。」

「你有見過那個小孩嗎？」

5〈你可以不只是受害人〉，張萍，《蘋果日報》，二〇一九年四月五日。

「有啊，事發之後，我們直接跑去學校找校長，逼他們辦說明會，叫他們把全部家長找來，由我們去談怎麼樣預防性侵害……（我忍不住打岔說，他們好怕你喔。她面不改色說道，對，他們很怕）小孩的媽媽跑來找我，說，市議員是阿公阿嬤去找的，他們根本沒打算曝光，是市議員質詢時自己說出來，家裡都沒有心理準備。我們跟小孩談，告訴她說出來這件事很有意義，可以讓其他學妹不再碰到這種事，肯定她說出來的勇氣，也給她打預防針說，同學可能不懂事，會說出讓她不舒服的話，讓她知道那不是她的問題。」

「學校的性平調查是從這個小孩開始查的。那時候張〇〇有承認，等我們找到其他被害人，包括二十年前的那個，他就開始一路否認，都說沒有，學校知情的大人也沒有站出來作證，所以法官判有罪的只有他承認的第一件案子。他在性平調查時承認做了十次，法官就只判十次，可是小孩說有三十次耶，法官沒有採信小孩的話，反正理由就是證據不足。」

縱使被害人嘔心瀝血，指證歷歷，法院仍必須謹慎評估說法是否有足夠的解釋力與證據力，甚至需要旁人（如證人、鑑定專家）的背書。這常讓被害人難以理解，為什麼自己的親身經歷，得被其他「專家」認可才算數？他們有什麼權力解析自己的經驗？這就是司法的限制——法律是實事求是，只聽使用法律語言的描述，也只接受合乎法律邏輯的證據。至於被害人的經驗與感受，那是司法不能、也無法處理的問題。

「你一定很難接受吧？」陪著那麼多人一路打官司，最後只有一件案子成立，我可以想像她有多不甘心。

「我最氣的是，家長在分局做筆錄，警察一直確認說，你真的要提告嗎？這樣對女生好嗎？還有多事的法警一直問說，這種案子和解就好了啊，為什麼要告？我覺得這些警察很奇怪，當事人要告，關他們什麼事？到了開庭更令人生氣，法官居然說，後來出現的這些被害人，都是新聞曝光以後才跑出來的！」

就像林奕含事件爆發之後，讓不少被害人開始思考，是不是也該說出來？後來他們之中真的有人出面控訴了。我不明白，新的被害人出現，促使昔日被張〇〇欺負的被害人挺身而出，有什麼問題嗎？

「就是啊！她們看到學妹受害，所以跑出來，有什麼不對？我覺得根本莫名其妙！」她氣呼呼地說。

「那麼久以前的事，證據一定很薄弱，法官也很難判斷吧？」

「我知道啦，可是我覺得法官不能理解，要被害人承認自己被性侵，不是件容易的事耶。我覺得法官是懷疑她們故意栽贓，別人出來指控，她們就跑出來跟著說。可是你可以去看她們的證詞，被害過程會有些不一樣，如果她們是故意要誣陷老師，應該講的是一樣的，不是嗎？可是沒有啊，在講的過程還是有差異性，有人是在補習電腦的時候，有人是上課的時候，有人是下課被留下來，有些只是被摸，有些有指侵……如果是串供的話，講的就應該一樣啊，可是並不是，而且受害的時候是小孩，根本就不會蒐證。我知道童年受害的要成案有相當難度，不過我覺得這個也要看法官，有的法官會說，小孩什麼都不懂，說的應該是真的，覺得可信度很高，有的法官會覺得只有小孩的說法，要有其他證據……可是一個小學生，你要他去哪裡找證據？」

這大概是（兒童）性侵案的亙古難題，經常是陷入各說各話。問題是，誰的說法比較可信？又是誰說了算？

直到我讀了監察院高鳳仙委員做的調查報告，[6]進一步瞭解案子的來龍去脈，更能理解張萍的憤怒從何而來。

張○○早在二○○○年於N國小任教時就出過事，校長沒有依法通報，還帶水果禮盒到被害學生家致歉，表示自己快退休了，如果學校發生這種事會影響退休金，並強調張○○還年輕，希望家長不要提告。家長一時心軟同意了，只要求張○○必須離開學校，於是校長私下協調讓他調到S國小，日後S國小的孩子才會繼續被害。這是標準的「以鄰為壑」，也就是相關研究稱的pass the trash：學校知道校內有「垃圾」，不是開除他，而是把「垃圾」丟給下一所學校，所以被害學生不斷增加。事實上，全臺各校都有類似的事，只是外界未必知悉，知情者亦鮮少透露。

二十年來，張〇〇犯案的手法都是這樣：他以「教導健康教育」為由，要求女學生進入視聽室的音控間，脫下她們的褲子，撫摸她們的下體，或是進行指侵。張〇〇在接受學校性平調查時坦承「發生過一些事」，至於發生了什麼事？則是語焉不詳。對於學生的種種指控，他的說法是：

「這件事只有針對女生。」

「我對我自己的導師班曾經做過一個健康教育……這件事是針對只有女生。」

「我故意裝得很凶，命令她們說『把褲子脫下來』，然後一開始她們當然不要，然後我就說，不做的要打一百下，我當下的意思是要處罰啦，我就藉故要處罰這樣。」

「然後就開始有人要有動作了，這時候我就說『停』，然後就跟她們說，就算是這樣子的情況下，你還是不可以，我記得應該還有補充就是有生命危險。」

這樣子教授「健康教育」二十年，竟然沒有人發現？這是真的嗎？監察院的調查報告鐵證如山：

N國小某主任說：「當時不知道要通報，對法令不瞭解，只知道校安問題要通報給

---

6 https://www.cy.gov.tw/CyBsBoxContent.aspx?n=133&s=17268

督學。」

S國小某老師的說法：「當導師每天要處理學生反應的事很多，當下可能處理過了就忘記了，直到調查小組詢問才想起來可能有這件事，連學生的名字也都忘記了」、「因時日已久，且教師處理學生日常的報告與狀況甚多，對於該事件已不復記憶，無法提供正確的訊息。」

S國小某校長表示：「長期侵犯同學，本身應該是生病了……我八年任期竟然沒發現，很多活動在我面前進進出出，看起來很正常，讓大家沒察覺，竟然都沒人發現他是這樣的老師。他拉窗簾的部分，我們因為投影，我們當時才覺得他拉窗簾很合理……我們都很震驚。」

師對生的性侵案經常是被害人數累積到難以掩藏、經歷數年至數十年後才爆發，事後校方則大多聲稱毫不知情。好吧，就算校方事前真的毫不知情，事後的反應又是什麼？至少就我所知的幾個案例，有小六女生揭發狼師，被其他老師指責「害老師沒工作」，有懷孕女老師舉發同校狼師，被同事反問：「你不怕造孽，傷到肚子裡的小孩嗎？」揭弊人成了校譽破壞者，被害人成為麻煩製造者，這樣的故事既離譜又荒謬，太像寫壞的腳本，多半沒人相信。[7]

張○○在N國小及S國小共涉嫌三十二件性侵害及性騷擾案，被害人有三十一人，臺南地檢署以對未滿十四歲之女子為強制猥褻罪，起訴張〇〇十三件案子，最後只有第一件成案。張〇〇始終沒有任何悔意，他在接受監察院約詢時說：

「我並沒有說我都沒有錯，如果你像我十多年來受到不公平的對待，也不會太高興。當下小孩是enjoy的，可能當下她們是需要我的。」

「很多都是觀感問題，因為我是男生，做的事就是不行。很多事情我沒做，但她們都說我有做，都是她們想像出來的。那些長大的同學都幻想出來的。」

「我有錯，我不應該太關心她們。」

這樣的說詞，真讓人目瞪口呆。

「我真的覺得法官的認知跟我們的差距滿大的。他們說，判四年已經很重了，我們會覺得這樣叫重喔？他們覺得小孩是有能力拒絕的，說，你可以抗拒啊，表示不要啊，你都沒有抗拒，就表示你是願意的，所以不是強制性交。他們都沒有考慮到，大人跟小孩在權力不對等的關係之下，小孩子要說『不』有多難。有人主張權勢性侵應該要比照

7 拙作《沉默》及《沉默的島嶼》兩部描繪校園性侵案的作品出版以來，不少讀者反應「你寫的是小說吧，是不是你編的？」「臺灣怎麼可能發生這種事？」還有人公開聲稱《沉默》的情節是抄襲韓國孔枝泳的作品《熔爐》。

強制性交罪的刑度，[8]我覺得很有道理，可是大部分的法官都不能理解，弱勢者是沒辦法say no，每次都問他們說，你為什麼不拒絕？既然你沒有明確表示不要，又沒有抗拒，我就當你是不反對啊，他們完全都不知道在那樣的權力結構之下，say no是不可能的事情耶！而且小孩子很清楚，如果反抗的話，後果可能會更嚴重，結果你現在問他為什麼不反抗……哼！」張萍憤憤說道。

一九九九年《刑法》妨害性自主章節修正時，已將原來「至使不能抗拒」的字句，改為「違反被害人意願之方法」，然而司法實務上有時仍以有沒有抗拒作為偵辦及量刑的考量，假設被害人有決定的自由與行動的自由，可以自行決定「要」或「不要」。可見「不能抗拒」的幽靈依舊在司法體系之內，如影隨行。

張萍既不是專業社工，更沒有公權力查案，她總是陪在被害人身邊，協助報案，主動調查，提供資源連結，讓他們知道哪裡可以申請法律或心理諮商，這些不是她分內的工作，而是她的人生使命了。她所做的一切，猶如照亮了公權力無法迄及的角落，如果每個執法者都像她一樣，願意瞭解案情的各種細節，殫精竭慮找出被害人面對的困境，是否有助於瞭解事實真相？

「我不曉得耶，」張萍聳聳肩，「我是覺得這些被害人來自不同學校、不同年齡、不同情節，要懷疑她們串供是不無可能，可是難度很高。可是法官不知道這些背景，好像把每個個案、每個行為都切割開來，警察跟檢察官在問訊的時候，也覺得這些細節好像跟案情本身無關，根本就不會問，所以法官也不會知道。」

兒童性侵害是建立在成人濫用權力逼迫兒童，他們在驚慌失措之際，不知道該如何拒絕（我們不是經常告訴兒童，一定要聽大人或老師的話嗎？），事發之後不僅心生恐懼，加上自尊心遭到剝奪，覺得實在是太丟臉了，會愈來愈忽略自己的感受，選擇配合加害人，反而被認為是沒有反對，是心甘情願。正如林奕含在書中描述房思琪被性侵後說服自己：

> 想了這幾天，我想出唯一的解決之道了，我不能只喜歡老師，我要愛上他。你愛的人要對你做什麼都可以，不是嗎？思想是一種多麼偉大的東西！我是從前的我的贗品。我要愛老師，否則我太痛苦了。[9]

8《刑法》第二二八條「權勢性侵害」刑度是「六月以上五年以下有期徒刑」，低於其他性侵害罪的「三年以上十年以下有期徒刑」。

9《房思琪的初戀樂園》，頁三〇，林奕含，游擊文化，二〇一七。

司法程序認定什麼是犯罪，著眼於法律構成要件，某項行為具有法律意義才會被討論。至於張萍所理解與經歷的，包括當事人的噤聲、隱忍、為難、掙扎，以及他們的自尊心與罪惡感，讓他們不得不放棄抗拒……這些鉅細靡遺、與司法程序無關的細節，執法者未必瞭解，或許，也無暇瞭解。

被害人因恐懼而成了一座座孤島，只能保持沉默，這樣的生存狀態是如此慘烈。這麼絕望的處境，外界是否看見了呢？

2 玫瑰往事

校園性侵害案件的處理是採取刑事與性平雙軌制，除了檢警進行調查，學校性平調查小組也會根據《性別平等教育法》（簡稱《性平法》）查案，不受刑事偵審進度影響，以便快速對校園侵害、騷擾和霸凌事件做出反應。稱性平調查是「司法判決的前哨站」，應該並不為過。

如果學校性平調查確認案情屬實，是不是刑事成案的機率會比較高？

「不會！」張萍很快答道，「我們處理過一起桃園某高中的性侵案，女孩子是長大了以後才出面指控教練，學校的性平調查認為教練違反專業倫理，他們確實有發生性關係，所以是成案的。但是法院不承認他們之間是權勢性侵，反而覺得是合意，判教練無罪。法官沒有去瞭解到這個女孩子是體育選手，比賽、升學的權利都掌握在教練手上，怎麼可能反抗？如果她說出來的話，不只得退出體育隊，恐怕連學校也不能去了。可是學校裡仍有人替那個教練護航，說他沒有權力掌控她的成績，怎麼可能？因為法院判了無罪，讓女孩子的先生很受不了，覺得原來不是性侵，差點鬧家變。我們特地去跟他們夫妻談，解釋給先生聽，告訴他案子不成立不代表就不是事實，只是證據不足。」

為什麼會有《性平法》？它是如何規範及處理校園性侵害案件？

九〇年代校園性平事件頻傳，學校沒有特定法條與完善處理流程。直到二〇〇四年，在民間團體積極倡議下，終於促成《性平法》的立法，目的是「為促進性別地位之實質平等，消除性別歧視，維護人格尊嚴，厚植並建立性別平等之教育資源與環境而設立」。

《性平法》總則共有三十八條條文，其中有關建立性侵害及性騷擾事件處理的程序就占了將近一半（十八條）。為什麼如此設計？性平調查與司法調查的差異是什麼？實際參與研擬《性平法》的蘇芊玲教授指出：

> 司法訴訟首重證據，很多案子因證據不足，無法判罪。校園的性平調查屬行政調

查，也看證據，卻不完全只看證據。有直接證據當然最好，但一方面性平調查沒有測謊或採DNA等等的工具，另方面缺乏直接證據是許多性侵性騷事件共同的特性。性侵性騷經常發生在密閉空間、特定時間、無第三人在場，以及特殊的權力關係之中。直接證據的缺乏或不易取得固然造成性平調查很大的困難，但校園性平事件的另一個特性，是它往往有極綿密的脈絡，包括身處的環境、人際的互動，還有當事人的權力差距和性別觀念等等。透過專業深入的訪談和查詢，即使缺乏直接證據，通常調查小組還是可以藉由其他方式做出判斷，真相並不那麼難以查明。

查明事實真相，以便做後續處置、處分和教育，是校園性平事件調查的主要目的。但和司法調查不一樣的是，性平調查除了還原真相，還有非常重要的教育功能。許多人以為調查結束、學校性平會做出決議，相關處置或防治教育才開始進行，事實上並非如此。整個調查過程，從頭到尾，都在做教育。專業有效的訪談，不僅在查明真相，也能讓行為人在過程中瞭解自己的行為錯在哪裡？性別觀念有何偏差？是否濫用了權力？等等。因此，即使在少數案件中，調查小組最終可能對事實的有無做不出判斷，並不表示其調查工作做了白工。[10]

《性平法》在校園建立起通報系統，包括組成調查小組、調查、行政救濟、以及懲罰程序，儼然是「準司法體系」了。然而性平調查成員不具司法調查權，做出來的調查報告卻可作為司法判決的參考依據（《性平法》第三十五條第二項「法院對於前項事實之認定，**應**審酌各級性別平等教育委員會之調查報告」），是否合適？戴伯芬教授說：

《性別平等教育法》第三十條訂定調查小組的組成，除了女性委員人數二分之一以上之外，規定成員中「具性侵害、性騷擾或性霸凌事件調查專業素養之專家學者人數比例應占成員總數三分之一以上」，而所謂具性侵害、性騷擾或性霸凌事件調查專業素養之專家學者，卻只有接受過性別調查講習課程的教師或性別研究相關學者，並非真正法律專業人員，卻成為具有「準司法權」的調查小組成員。

……其中第八款以及第九款之規定，使得《性平法》的調查權已經具有「準司法」的效力，可以作為變更教師身分的依據，教師有此兩款行為不需要經各級教評會三審之後決定，「由服務學校報主管教育行政機關核准後，予以解聘」（第十四條第四項）。相較於第一項第十三款，教師「行為違反相關法令，經有關機關查證屬實」

10〈校園性平調查的教育意義——讀《無罪的罪人》〉，蘇芊玲，性別平等教育協會網站，二〇一九年十二月五日，https://www.tgeea.org.tw/gender/prevention/15854/。

仍需經教評會三審三級制決議，所有與性侵害、性騷擾以及性霸凌相關的「行為」，只要經性平會查證屬實，即可予以解聘，明顯有擴權且損害教師勞動權之疑慮……《性平法》修法之後在不受司法的影響下，造成行政法擴權，且有違憲之虞，更可能損及學生的受教權與教師的勞動權。回歸《性平法》當初設立的初衷，是為了要「消除性別歧視，維護人格尊嚴」，過度集中於性別平等教育委員會的「司法」機制，忽略了《性別平等教育法》的輔導精神。[11]

校園性侵害或性騷擾事件調查專業人員必須接受初階、中階及高階培訓課程，其中七小時是諮商技巧及晤談技巧訓練，其中並沒有實習課程，這樣的訓練是否具備足夠的調查知能與實務技巧？如果案件當事人是弱勢證人（如智障或其他身心障礙者），調查人員若無法以符合他們身心發展程度的詢問技巧問案，是否反而會造成不當誘導或汙染證詞？此外，調查人員只要參加培訓課程，不需經過任何考核或測試，教育機關與各級學校又沒有檢核機制，誰來替調查報告的確實性把關？

戴伯芬教授建議：

性平會調查小組與司法權則應予釐清，學校由性平會依個案決定是否轉介司法機關處理，凡涉及《刑法》的猥褻及性侵害轉交司法機關處理，在司法結果出爐前，學校可以提供法律、醫療以及心理輔導等複合的資源來協助受害學生；若該司法案件有結果，則學校得依據校規予以處分，而涉及性騷擾以及性霸凌者交由性平會處理，性平會應整合學輔中心資源提供受害以及加害學生必要之輔導以及性別教育。[12]

《性平法》或有其優缺點，站在被害人的立場，《性平法》之於他們的意義又是什麼？「《性平法》是一部救人的法律，這部法律的誕生，是無數受害個案堆積而來。」黃嘉韻這麼告訴我。

黃嘉韻在十九歲那年成了校園性平事件的當事人。在還沒有《性平法》的年代，她的恐懼與無助，在保守的校園無人可以分擔，只能一個人孤軍奮戰，難怪她會如此有感

11〈我們需要什麼樣的性別平等教育？〉，戴伯芬，巷子口社會學，二〇一六年十一月十五日，https://twstreetcorner.org/2016/11/15/taipofen-6/。

12 同注11。

而發。

一九九九年，還在北科大念書的黃嘉韻與彭姓教授在實驗室討論課業，教授出其不意把門反鎖，強吻她並撫摸她的全身。她回憶那時情景說：

「我第一個反應不是反抗，而是嚇到了，因為那是你熟識且信任的人。我雖然驚嚇，但心裡跟自己說，我一定要平安走出這個實驗室。我虛以委蛇，也有反抗，最後討論完時我還說謝謝，把門關上，然後離開。從實驗室走到校門口，大概只有一、兩百公尺，我大概吐了二十幾次口水，那時我不知道這樣就等於是把證據吐掉了，但這是很自然的反應，許多人在遇到傷害後會想要洗澡，因為覺得自己很髒。」

她鼓起勇氣出面舉發，逼自己回想那些難堪的細節，但無論說了多少次，沒有證據就是沒有證據，她完全無能為力。她從師長及行政人員口中得知有其他被害人，打起精神一個一個聯絡，希望她們也能挺身而出，但她終究是失望了。

她只是個大學生，沒有外在奧援，什麼都沒有，為什麼勇於出面舉發惡行？

「我只有一個原因，就是不希望有下一個被害人。我會發生這種事，就是前面沒有人說出來，我覺得那是我的責任。」

「你是從小就有打抱不平的個性嗎？」我問她。

「可能有一點。那時大家都說我的表現很超齡，非常超齡，那是個非常解離的過程，我一直在把它壓抑下去，外面的人都看不到。我從班導開始求救，科主任、教官、系主任、其他科老師、輔導室、學務長、副校長、校長學生申訴中心……所有可能的管道，我都試了，全部都消極不處理。中訴委員會覺得學校怠惰，但也沒辦法證明性騷擾成立。後來副校長衝來我家，希望我能息事寧人，還問我要不要轉學，說他們可以提供協助。我說，我都已經念到北科大了，你要幫我轉到哪裡？臺大嗎？」

情況在她與婦女新知基金會聯繫後有了改變。婦女新知號召社運團體共組「小紅帽行動聯盟」，一路陪著她進行抗爭，稍微扭轉了局勢，導演陳俊志的《玫瑰戰爭》影片記錄了這段經歷。那時仍猶青澀的黃嘉韻戴著棒球帽及假髮，在記者會上泣不成聲：「教授突然抱住我，強吻我，並且上下其手……」她說，科主任要她「當成是個誤會」「教授是關心，是你誤認是性騷擾」，建議她為了避免反被教授提告，「最好跟教授道歉，就可以圓滿解決」；副校長表示：「這件事牽涉隱私，我認為可能不適合公開討論」、「這是兩個成年人的事，不應扯上學校。」

新聞曝光那段日子，她躲在家中不敢出門。神通廣大的記者不知哪來的小道消息，聲稱她「成績不佳挾怨報復」、「男女關係紊亂」，她保持沉默，不願多說，心裡卻汩汩淌著血。

「那時我真的完全信任學校會處理，可是我錯了，」黃嘉韻不無感慨地說，「後來教育部被迫組成五人小組入校進行調查，調查完了兩個月，報告又遲遲不公布，我就崩潰了，那是一種……絕望的感覺吧。」

「所以不是事件本身讓你感到絕望，而是教育單位的態度？」

「對，就是對整個官僚體制的失望吧，就是官官相護。我原來覺得只是學校這樣而已，沒想到連中央主管機關都在幫學校說話，我還能怎麼辦？所以那次就真的崩潰了。」

最後彭姓教授被學校解聘，仍轉至他校任職，沒有任何刑責。對於這樣的結果，黃嘉韻沒有喜悅，只是悵然。

我問黃嘉韻，事隔多年，如今的她覺得自己走出來了嗎？她坦率說道：「不可能『走出來』，只能是『走過來』，這種事是永遠走不出來的。這叫作『與傷害共生存』，你只是找出一種新的生存方式。」

沒有《性平法》的時代，如果遇到性騷擾或性侵害，只能經過《刑法》的檢驗判定是非曲直。刑事訴訟向來採證不易，加害人很容易逃過刑責，這也是黃嘉韻的經歷最讓人不忍之處。最讓她難以置信的，是體制處理過程的顢頇粗暴，讓她驚覺若是沒有申訴管道，被害人永遠只有被打壓的分。這讓她開始意識到學校處理性平事件的程序缺失，決定轉換跑道，改讀法律，從此走上推動性別平等教育的道路。

「我在一個一個嘗試過各種性騷擾處理流程申訴管道之後，每次行政人員給我的責難與恐嚇，都可能讓我萌生放棄的念頭，可是我沒有。事情結束以後，我承認曾經想要逃離這一切，可是我發現我的人生已經跟它綁在一起，所以我選擇不逃離，就是鑽研這塊。」因為有過面對權力結構的無力，日後《性平法》與性平體制的建立，讓黃嘉韻知道未來校園只要涉及權力結構不對等的性騷擾或性侵害案件，已有單一申訴管道，若是學校未依法通報也有了罰則。這讓她感到欣慰。

我很佩服黃嘉韻一點，就是她不因個人經歷而影響專業判斷，接受委託查案時總是謹慎自持，深怕一不留意冤枉了別人。她提到日前經手的某件案子說：

「那個案子有點複雜，雙方的證詞每次都變。我做了一個大事記，把他們兩造不同說法的時間點標出來，大家調查的時候可以用，想弄清楚為什麼兩個人每次說法都不一樣。我們光是跟當事人、證人就開了六次會，絕對沒有人會做這種事，連承辦人員都不會，還接到社會局打電話來說，你們也開太多次會了，因為一般案子大概開個兩、三次就解決了。為什麼要這麼做？畢竟我受過法律訓練，兩個判斷方法，一個是當事人主觀感受，一個是合理被害人，[13]在後者的部分我看不出來，再加上也沒有其他事證，最後我們等於是推翻了警察性騷擾的調查結果。」

---

13 即按照被害人的年齡、性別、心智、身分，及行為時國人之普遍價值觀等，被害人對行為人騷擾行為所產生的負面感受，是一般大眾所能理解且同情的。

曾經身為當事人，做出這樣的決議，她心裡應該有很多掙扎吧？

「我當然很掙扎啊！我感受得到當事人有一些創傷，可是我不確定這個創傷是這次性騷擾造成的？還是這件事處理過程的挫折讓她有這樣的感覺？那個判斷真的是滿困難的，畢竟我們又不是監視器，沒辦法用神的角度去觀看，只能從現場有的事證去摸索。我有法律背景，負責寫調查報告，幾次寫的案子都剛好是推翻警詢，認定性騷擾不成立，我內心的掙扎很大。尤其我感覺得到當事人有創傷，可是處理過程的最後我看的還是證據，她雖然有創傷，但沒有任何證據顯示另外一方有做這件事，而且我也不能證明她的創傷是這次事件引起的，所以最後我還是選擇回歸到法律人的專業。」

「你好理性！」我由衷讚嘆。

「我每次聽當事人講完了，想法就會有一點改變，每聽完一次就搖擺一次，最後我就會問自己說，作為一個法律人，你現在怎麼去看待這件事？問六次的那個，是因為我真的覺得她身上有創傷，跟我自己的經驗滿類似的，所以我才會更謹慎，才會處理到連社會局都一直打電話來問。」黃嘉韻嚴肅說道，「我以前一直都是從體制外的角色去協助當事人，看了你寫的《無罪的罪人》，很想知道體制裡面是怎麼處理，也想知道問題在哪裡。後來有機會進入性平調查人才庫，我很珍惜這樣的機會，也比較知道裡面的訓練是怎麼回事。」

《性平法》讓校園性侵案的處理程序得以法制化，不過黃嘉韻承認這不是一部完美的法令，仍有許多不足之處，例如學生的身分如何認定？不同法律的精神與條文該如何銜接？性平調查小組成員是否具備足夠知能得以勝任？她說：「法律絕對不是完美的，但也不能因為法不完美就推翻掉它，所以調查人員的知能就要足夠，而且也必須謙虛。」

黃嘉韻寫過一段文字是這麼說的：

> 每個法條背後的故事，深深刻印在每個關注此議題工作者的心中。作為一個性騷擾事件之倖存者，曾經我認為「遲來的正義不是正義」，於事件處理過後，很希望能揮別過去，重新開始一個新人生。但當我面對性騷擾之真實存在及從事性別平等工作後，才發現所尋求的正義，就是程序正義，而所謂的程序正義，並非掌握在少數有權者的手上，如果能成為一個法律上開啟性別案件之程序主體，即可以啟動程序、參與程序，主宰自己的命運，並成為程序所要實現的目的。因此，我很慶幸自己可以成為推動《性別平等教育法》背後的故事，往後的日子仍會持續關注及監督這部法律。[14]

14〈《性別平等教育法》背後的故事〉，黃嘉韻，《性別平等教育季刊》第六十七期，頁四〇，二〇一四時代是進步了，只是過程中有些顛躓吧。

二〇一八年《被隱匿的校園性犯罪：老師叫我不要說，這都是為我好》[15]作者池谷孝司應邀來臺時，我們有過一次難得的對話。記得他說過，老師體罰學生是身體的懲罰，性侵學生則是心靈的體罰，老師叫孩子在他面前脫到只剩內衣，就算最後沒有撫摸身體，沒有插入性器，但心靈的體罰已經成立了，那是徹底的征服與順服，也是加害人真正的目的。性侵的本質，就是強者欺壓弱者，加上師對生之間權力的差距，學生是沒有能力反抗的；他們不能反抗這件事，不正說明除了身體被征服之外，心靈也順服了嗎？

師對生的性侵害從來不只是個人性犯罪，更與校園權力結構息息相關。當我們認為老師地位高於學生，大人地位高於兒童時，恐怕就連老師都以為「學生可以讓我自由擺布」而不自知。師對生的性侵害不只是單純的性癖好、性犯罪，而是權勢不對等的歧視，如果忽略了師對生性侵害案件的這個本質，仍舊以「為什麼不抗拒」、「為什麼不說出來」質疑被害人的說法與動機，就不易掌握問題核心，也不易釐清事實真相。

性侵害案件的主體從來不是案件本身，而是牽涉其中的「人」，唯有在案件的細節中看見人的存在及處境，帶著問題意識繼續探究，才可能往真相更靠近一點。這不只是執法者的任務，更是整個社會必須承擔的責任。

只有人能夠給予正義，而不是法律。

年八月。

15《被隱匿的校園性犯罪：老師叫我不要說，這都是為我好》，池谷孝司著，陳令嫻譯，光現，二〇一九。

六、懲罰

1 獵巫

「真相」經常有不同版本，每個人對事實的解讀不一，走出相異的思索途徑，以致產生不同的結論。面對人神共憤的兒童性侵害案件尤其如此，就算實情尚未明朗，人們往往傾向相信被害人的說法，若是缺少對事實更複雜的探究，不小心把同情當成正義，很可能造成難以挽回的不幸。

《謊言的烙印》就是這樣一部探討深邃曲折人性的電影。故事敘述失婚的盧卡斯找到幼稚園的教職，正要展開新生活之際，因拒絕五歲女孩克拉拉的愛慕，讓克拉拉氣呼呼跟園長抱怨：「我討厭盧卡斯，因為他又蠢又醜，而且雞雞還站起來，像棒子一樣。」

年僅五歲的小女孩，怎麼知道「雞雞像棒子一樣」？她一定是看到什麼了。這句無心的氣話，讓盧卡斯成了校長眼中性侵幼兒的罪犯。這下子克拉拉慌了，她試著解釋沒這回事，校長打死不信，因為「我相信孩子的話，他們不會說謊」。消息傳開之後引起小村恐慌，居民紛紛詢問念幼稚園的孩子發生了什麼，孩子在過度殷切的探問下，也都模模糊糊「承認」了。懊惱的克拉拉告訴媽媽，盧卡斯什麼都沒做，是她隨口說的。媽媽溫柔摸摸她的頭：「那是因為你不願意記起來，所以你以為什麼事都沒發生過。」這讓克拉拉困惑極了，她跑去找最信任的盧卡斯，問他是不是做了什麼？因為「媽媽說，你對我做了很不好的事，但我可能忘了」。

全片最驚悚的部分，應該是學校詢問克拉拉的情節了。克拉拉被正式叫去問話時，她很快就否認有這回事。大人就是不信，依舊緊迫盯人：「你的意思是盧卡斯老師說謊囉？」克拉拉無意指控老師說謊，只好搖頭，反讓人懷疑盧卡斯做了什麼。長時間的反覆詢問，克拉拉已經很累、很倦了，她一再表示「我想出去玩」，大人不放過她，不斷問她同樣問題，暗示「你剛才的回答不對」。直到克拉拉似有若無的「承認」，大人才鬆了一口氣，她總算說出「正確答案」了。

沒有人問過盧卡斯做了什麼，也沒有人懷疑克拉拉為何這麼說（實情是哥哥前一天拿了色情圖片給她看），一切發生得太快，整件事情已經失控了。小村居民全盤接受克拉拉曖昧不明的說法，即使司法調查尚未結束，他們已認定盧卡斯犯了重罪，對他進行嚴厲的道德審判。他們言語如刀，眼神似箭，對盧卡斯生活展開全面性封殺，甚至對他拳打腳踢。最後盧卡斯因證據不足未被判刑，村民仍舊不信，他們看著他，心裡想著，這個性侵女童的老師！他的生活已經碎成千片萬片，再也回不去了。

有時「純真」的另一面就是「無知」。村民或許只是無心，並非有意，當「無知」成為一種堅韌的信念，它造成的群眾心態可能產生駭人的道德霸凌。電影英文片名「The Hunt」，除了是盧卡斯熱愛打獵，也暗喻村民對盧卡斯的攻擊宛如現代版的獵巫，令人不寒而慄。

這部電影我大約是十年前看的。那時看到盧卡斯被羅織入罪的情節固然感到震撼，但我很快說服自己，只是個故事而已，不必當真啦。

直到二〇一七年意外接觸到許倍銘案，[1]才驚覺自己有多麼無知。

「爸爸，為什麼你不把鳥鳥給狗狗親？」出自八歲智障女童巧巧（化名）的一句話，讓媽媽深信單純的女兒一定是被欺負了，否則，她怎麼會說出「鳥鳥」這樣的字眼？在媽媽追問之下，巧巧說，加害人是「跟爸爸一樣的人」。媽媽私自判斷：「我們家的人不可能做這種事」，理所當然把箭頭指向學校男老師；導師在獲知消息後亦自行揣測：「巧

1 詳見《無罪的罪人：迷霧中的校園女童性侵案》，陳昭如，春山，二〇一九。

巧接觸過的男老師沒有別人，只有許老師」。就這樣，替巧巧做過魏氏智力測驗的許倍銘老師很快被鎖定為嫌犯，而且，是唯一的嫌犯。這時距離他替巧巧進行測驗，已是一個多月以後的事了。

生理年齡八歲，心智年齡三歲的巧巧是怎麼說出被害經過的？媽媽與導師的問話過程已無法還原，只能從警詢紀錄追查蛛絲馬跡。從警察做的四頁筆錄看來，巧巧的表達簡潔有力，文法更是毫無破綻，似乎沒什麼好懷疑的：

問：年籍資料、教育程度、職業、連絡電話等是否正確？家庭狀況？同住者有何人？是否持有身心障礙手冊證明文件？

答：正確。我現在讀國小二年級，和外婆、哥哥和外公住在一起（被害人母親表示因離學校較近）。有（被害人中度智能障礙）但忘記帶手冊。

問：今天誰陪你一起來這裡？

答：有爸爸、媽媽，及高雄縣性侵害防治中心的社工姐姐陪我。

如果我們將這份筆錄對照譯文（逐字稿），就知道問題可大了。譯文還原製作筆錄的經過如下：

員警：你叫什麼名字？
巧巧：巧巧。
員警：巧巧喔，好棒喔。你今年幾歲？
巧巧：（用手比出2）
員警：知道嗎？兩歲喔？
巧巧：（手比2）
社工：這是幾歲？
巧巧：（手比2）
員警：你今年幾歲？
社工：忘記啦？
員警：你念幾年級？念哪一所學校？
媽媽：講啊，你讀什麼學校？
員警：什麼國小？阿姨唸一下你的那個，那個姓名還有資料喔，你看對不對喔，你是巧巧，然後，身分證字號是○○○○○○○○○○，還有你的出生年月日是○○年○月○○日生的，你現在是念國小，幾年級？一年級還是二年級？

社工：你要講完才要……（把偵訊娃娃收走）
媽媽：講啊趕快講，趕快講。
員警：國小幾年級？
媽媽、社工（同時）：幾年級？
員警：一年級還是二年級？
巧巧：一年〇班。
媽媽：你已經二年〇班了，還在一年〇班？
巧巧：二年〇班。
員警：二年〇班。
媽媽：你已經升二年級了，你都不知道？
員警：然後，你住哪裡？家裡住哪裡？
巧巧：阿嬤那邊。
員警：阿嬤的，阿嬤的住址是什麼，知道嗎？
巧巧：（看向媽媽）
媽媽：知不知道？
員警：家裡電話幾號？

巧巧：（聲音模糊，被媽媽蓋過）
媽媽：你趕快講，阿嬤那邊的電話是幾號？講啊！
員警：阿嬤電話幾號？
媽媽：○老師不是有教你？○○○○○○○
巧巧：○○○○○○
社工：那是阿嬤家的電話，對不對？那家裡的電話，知道嗎？
媽媽：還不會背。
巧巧：還不會背。

從這段譯文來看，巧巧連自己幾歲、念幾年級都搞不清楚，顯見她的理解能力有限，表達能力不足。此外，**她幾乎無法回答提問，多半是媽媽代為作答**，這樣的筆錄沒有問題嗎？

筆錄與譯文之間的落差，也出現在巧巧描述被性侵的經過。筆錄記載她是這麼說的：

那天星期二下午上第二節課時在教室，老師脫掉他自己的褲子到膝蓋，他站著，我坐在小板凳上，他把他的小鳥放在我的嘴巴裡（被害人使用偵訊娃娃示範），我的嘴巴有打開。

在他把小鳥放到我的嘴巴之前，他有拿他的毛巾綁住我的眼睛（被害人用毛巾示範綁偵訊娃娃，被害人不能確定毛巾的樣式及顏色）

從筆錄看來，巧巧的回答乾淨俐落，但對照譯文其中幾段對話，著實啟人疑竇：

員警：老師把他的小鳥放到你的嘴巴裡喔？
巧巧：對。
員警：那你有沒有說不要？
巧巧：沒有。
員警：沒有喔，那他放到你嘴巴還有沒有做其他動作？
巧巧：沒有。
員警：身體有沒有一直動？
巧巧：沒有。
員警：沒有喔，那你有，那你有吃他的小鳥嗎？

巧巧：（搖頭）沒有。

……

社工：有沒有吃到？

員警：有沒有吃到？

巧巧：（搖頭）

社工：你有沒有吃到？

巧巧：（沒反應）

員警：那妳嘴巴有沒有張開？

巧巧：沒有。

員警：沒有他怎麼放進去？

媽媽：你不要一直玩（收走偵訊娃娃）

員警：你先回答阿姨的問題，待會再給你玩。許倍銘老師的小鳥有沒有放到你的嘴巴？

巧巧：有。

◇

社工：他還有沒有做其他的事？（拿走娃娃）

媽媽：想看看，還有沒有什麼沒有跟阿姨說的？
社工：他有沒有把你的眼睛遮起來？
巧巧：對。
媽媽：他用什麼把你的眼睛遮起來？
巧巧：抹布。
員警：用抹布喔？髒髒的抹布喔？是嗎？擦過哪裡？
巧巧：擦過臉。
員警：是毛巾還是抹布？
巧巧：毛巾。
員警：毛巾是什麼顏色？
巧巧：不知道。
員警：是紅色還是白色？
巧巧：白色。

◇

員警：那你知道那天是星期幾嗎？
巧巧：星期一。

員警：星期一？是星期一？
社工：這邊的寫星期二，九月九號。
員警：那天是早上還是下午的時間？
巧巧：下午。
員警：下午幾點？記得嗎？下午幾點，幾點記不記得？上第幾節課？蛤？
巧巧：第兩節課。
媽媽：第二節課。
員警：下午第二節課，星期一喔？
社工：沒有啊，這樣怎麼是星期一？……你忘記了喔？還是你不記得？
巧巧：（沒反應）
員警：你們確定是九月九號嗎？
社工：我是看，我這邊，通報單上，是的。
員警：對啊，你怎麼知道這時間的？
社工：因為導師說，那一天許老師有安排她去單獨做測驗，所以那一天的時間是有確定的。
員警：有確定了。

社工：因為老師說就是那一天，他帶她去做測驗的。

員警：那就把它寫九月九日囉。

從筆錄與譯文的巨大差異，至少有以下疑點：

●巧巧說，許倍銘把小鳥放進她嘴巴，卻否認吃到任何東西。問她嘴巴有沒有張開，她先是說「沒有」，等媽媽把偵訊娃娃拿走，卻改口說「有」。為何筆錄記錄的都是「有」，而不是「沒有」？

●只要巧巧沒有反應，社工或媽媽就把偵訊娃娃收走，要她「不要一直玩」、「趕快講」。巧巧是否因想要娃娃而隨口亂說？

●巧巧從未提過毛巾，是社工主動提及「他有沒有把你的眼睛遮起來」，巧巧才說「抹布」，並在提醒之下改口說是「毛巾」。員警詢問毛巾顏色時只提供「紅色」與「白色」兩個選項，而巧巧也「配合」地說了「白色」。問題是，到底有沒有這條「白色毛巾」？

●筆錄上巧巧說犯案時間是「星期二下午第二節課」，從譯文卻可得知時間點不是巧巧說的（事實上，巧巧說的是星期一），而是社工根據通報單寫的。通報單的案發時間是怎麼來的？是誰說的？是否有人查證？

光是前半段筆錄就有這麼多可疑的地方，為什麼法官看不出來？（我高度懷疑法官只看了筆錄，沒有比對譯文。）就算巧巧需要外人協助才說得清楚，媽媽與社工也不該越俎代庖到這種程度吧？

另外，陪同社工的角色更啟人疑竇。她在「性侵害案件減少被害人重複陳述作業訊前訪視紀錄表」上，說明巧巧的身體與情緒「足以陳述應訊」，並在第八項「需要其他資源協助」（如特教人員、手語老師等）一欄勾選了「否」。像巧巧這樣中度智障、語言與認知能力不足的孩子在接受詢問時，理應需要專業人士，如有特教背景或心理諮商者的協助，為何社工認為不需要？社工的職責是陪伴及安撫情緒，陪伴巧巧的社工卻拚命提問、引導與插話，這麼做，是否可能誘導並汙染了證詞？

判斷像巧巧這樣智障兒童的證詞是否可信，必須先瞭解她是否具有基本溝通能力。大人急於找到加害人，只是一而再、再而三地重複同樣問題，問她，許老師有沒有對她做什麼？她有時點頭，有時搖頭，有時說「有」，有時說「沒有」，有時說「是」，有時又說「不是」，奇怪的是，大人採信的永遠是不利於許倍銘的答案。至於她說「沒有」、「不是」的部分，全都在「摘錄式」的筆錄裡神奇地消失了。

詢問巧巧的目的是發現真實，然而心存定見，一心想要找到加害人的詢問者明顯有預設立場的問法，只會讓巧巧的證詞距離真實愈來愈遠——那樣的說法未必是她親身所見所聞，而是被詢問者的成見所影響的結果。至於其他的可能性，他們根本看不見，也不想看見。

最後許倍銘被判處五年十個月，三審定讞。

二〇二〇年六月，監察委員王美玉提出許案調查報告，[2]認為「女童於警詢時之供述，不僅時間過長，且包含員警、陪同社工及女童母親之詢問者，高度使用封閉性（即選擇性、誘導性）、集中式問題，無法確認女童回答是否來自親身記憶，且詢問者已存有偏見，可能導致其追查、偏好不利證據，並忽略或貶低任何可能存在的有利證據之價值，產生『隧道視野』……若認為女童警詢供述有證據能力，將增加法院誤判風險」，籲請法務部轉臺灣高等檢察署「有罪確定案件審查會」研提再審，可惜沒有得到回應。

判定一個人有罪之前，必須有明確的證據。巧巧前後矛盾、反反覆覆的說詞，到底是真是假？她指認許倍銘做的事，真的發生過嗎？或者加害人另有其人，不是許倍銘？我有這樣的疑惑，不是質疑巧巧說謊，因為被害人的說法本來就不容易認定，但我們也不能忽略（智障）兒童認知能力薄弱，可能是說錯、記錯、或是被誘導說出沒發生的事。媽媽要她說，所以她說了，老師要她指認，所以她指認了，因為她說了，也指認了，大人決定相信巧巧的話，因為孩子不會說謊，至少，判決書上是這麼寫的。

那日到底發生了什麼事？如今已經沒人說得清楚了。至少純就證據來看，這起案子的定罪依據十分薄弱，包括無從確認的案發現場，重複誘導的詢問過程，充滿偏見的專家鑑定……所有認定許倍銘有罪的證據，處處充滿了漏洞、矛盾與不連貫之處，唯一能夠掌握的，只有巧巧的說詞。

一起證據明顯不足的案子，為什麼會被判有罪？如果巧巧真的被性侵了，下手的不是許老師，不是縱放真正的加害人嗎？這樣的疑惑始終環繞在我的腦海，久久無法散去，也讓我開始不只從被害人的角度看待性侵，也試著思考無辜者與執法者面對的困境。

被害人是建構性侵害案件事實最核心的角色，特別是在沒有目擊證人，也沒有證物的情況之下，必須高度倚賴他們說出來的經歷，如果被害人說詞無法被確認，獲判無罪的例子並不罕見。但《謊言的烙印》裡的盧卡斯，或現實世界的許倍銘，卻是另一個極端。這類案件什麼證據都沒有，只有「被害」兒童的指控，就算兒童的證詞前後不一，反反覆覆，為什麼法院仍認為她的說詞可信？兒童的認知與表達能力有限，若是沒有專業詢問技巧，是否會在有意無意的誘導與勸說之下，將希望聽到的答案納入問題之中進行暗示，「創造」出兒童的被害記憶，架構出看似真實的犯罪事實？

國外不乏像盧卡斯或許倍銘這樣的案例，美國的麥馬丁幼稚園（McMartin Preschool）案、約翰・史道（John Stoll）案、德國的海納・摩勒（Reiner Mollers）案，都是兒童錯誤

2 https://www.cy.gov.tw/News_Content.aspx?n=125&s=17943

指控被害的冤案，起因是調查者用預設或誘導式問題，暗示他們「其他孩子已經承認了，你要不要說實話？」如果兒童承認慘遭毒手便大力稱讚，讓他們無形中為了取悅大人，或為了躲避一再詢問的困擾，說出大人想要、但未必是實情的答案。就算兒童的說法既荒唐又離譜（例如麥馬丁幼稚園那群七至十二歲的「被害人」聲稱，老師除了性侵他們之外，還會砍下兔子耳朵，強迫他們喝下兔血，被帶到墓園去挖屍體，拿著刀子對著屍體亂砍亂劈。有人說老師用飛機載他去別州性侵，還有人聲稱被十英尺長的牛鞭鞭打，有頭戴黑帽，身穿黑袍的女巫站在旁邊……），但大人仍舊相信他們，也選擇相信，因為兒童不會說謊。

為什麼兒童會說出沒有發生的事？事發三十多年之後，指控麥馬丁幼稚園老師的凱爾．沙普羅（Kyle Zirpolo）公開承認，父母、社會及心理師給他的壓力太大了，讓他不得不說謊：

> 每次我想給些他們不喜歡的答案，他們就會再問我一次，並且鼓勵我說出他們想要的答案。那太明顯了，很明顯的他們希望我提供他們想要的答案，只要我這麼做，他們就會說你真是聰明的孩子，或表示我這麼說可以幫助到其他害怕的同學。當時我也曾對自己的不誠實感到不好意思，但是那個年紀的我只要父母要我做什麼，我

都願意。[3]

當兒童被害人是唯一的證人，若是沒有其他佐證，不讓他們作證或聆聽他們的說法，等於是讓加害人逍遙法外，這是沒有人能接受的事。根據加州柏克萊法律科技中心的瑪麗安．梅森（Mary Ann Mason）博士的研究，[4]美國社福與社工部門很鼓勵受虐的兒童通報，如果老師發現有異狀也有通報責任，寧可通報過多，也不願通報不足，造成兒童性侵案數量激增。這是代表性犯罪率增加？大眾對舉發這類犯行的態度有了改變？或是大人對性侵的歇斯底里，導致兒童小題大作？

麥馬丁幼稚園等案凸顯了一個問題，就是藉由兒童證詞來使被告定罪必須更為謹慎，而不是照單全收。那麼，該如何判斷兒童證詞是否可信？

梅森博士認為，兒童證詞會受到幾種情況影響：本身記憶模糊，錯誤資訊來自周邊事物，以及提出錯誤資訊的是他們尊敬的人。她特別提到，第一次的訪談特別重要，因為第一次問話的暗示作用最具影響力。她以麥馬丁案為例，指出兒童第一次接受訪談之

3 "I'm Sorry", Kyle Zirpolo, *Los Angelas Times*, Oct. 30, 2005.
4《孩子，你說謊》，頁二三二至二三三，Paul Ekman著，孫以潔譯，及幼文化，一九九五。

後幾個月、甚至幾年之後，由不同訪問者再度進行多次訪談，當然會混淆了證詞的真實性，所以訪談者是否專業非常重要。

梅森博士也指出，詢問者以為偵訊娃娃更容易幫助描述事發經過（美國的麥馬丁幼稚園案與臺灣的許倍銘案，均有使用偵訊娃娃作為詢問工具）。但有針對一百位非受虐兒童的研究指出，偵訊娃娃顯著的乳房與陰莖，常讓兒童主動去把玩，透過偵訊娃娃所做的陳述，有半數被過度解釋成遭受性侵，可見這樣的做法不是沒有風險。

如何才能進行不具暗示性的詢問？梅森博士的建議是，不要使用偵訊娃娃，改用其他有關兒童發展的技巧，例如使用可以隨意移動擺設的房子模型，適度提醒兒童的注意力與記憶力，就算需要口頭提示，也必須告知不必勉強，就算不記得也沒關係。執法者必須瞭解兒童的智能發展、記憶及語言能力，作為判斷證詞可信度的依據，在兒童站上法庭作證之前，也必須先瞭解法庭上每個人的角色是什麼，審理過程是怎麼回事，好有充分心理準備。在審理過程中，必須使用兒童聽得懂的字眼，讓他們沒有壓力地進行陳述。

在詢問時讓兒童知道，就算說「不記得」、「不知道」、「忘掉了」也沒有關係，更是非常重要的步驟。基於兒童記憶與認知的限制，他們可能是真的記不得發生了什麼事，或是無法明確描述人事時地物等細節。如果詢問者忽略這點，問說「這麼重要的事，怎麼可能忘記？」兒童會認為自己「不應該」忘記，為了配合大人的期待，努力逼自己非回答些什麼，甚至揣測詢問者想要什麼答案而附和，如此得到的供述當然不夠可靠。

兒童性侵冤案往往源自於兒童的無心之言，經由恐懼的大人（家長、社工、員警、心理師、檢察官、法官）的誤導與解讀，無意中造成冤屈，可見冤案的形成不是個人問題，而是牽涉到所有人的誤判。尤其案件拖得愈久，審判次數愈多，判決書長篇累牘，論點重複，很容易忽略疑點而承襲前審判決結果，這樣的疏失一層層往上加疊，可能無意中將無罪之人打入有罪之境。

我們常以為所有案件都是在證據齊全、百分之百確定之後才會判決，實務上卻不乏證據薄弱仍被判有罪的案例，機率或許不高，但不代表不會發生。無論被告是否有罪，只要國家公權力為他貼上「壞人」的標籤，以再審與非常上訴等救濟管道的高門檻來看，難有翻身之地。

如何在保護被害人的同時，也能兼及被告（尤其可能是被冤枉的被告）的權益？要在這兩者之間達到平衡，肯定是個艱困的課題。如果臺灣的許倍銘案及美國的麥馬丁幼稚園案映照出判定性侵害案件的缺失，我們不禁要進一步問，性侵冤案為什麼會發生？問題出在哪裡？

2「魔鬼」辯護人

我們總以為任何事情非黑即白，非惡即善，樂於沉浸在可以分出「好人」、「壞人」的敘事，不喜曖昧難辨的結局；我們傾向找出事件的惡人，並相信只要把他們捉起來了，壞事就再也不會出現。然而人生裡模糊難辨的事情太多、太多了，分辨真相為何，從來都不容易。

性侵害案件正是如此，它除了被害人的供述，多半缺乏直接證據，如何判斷事實是什麼？

「在傳統偏見跟父權結構底下，性侵被害人有很多沒有被揭露，同時我也確信，已經被定罪的被告冤罪數要比一般案件高出幾倍，這是證據結構使然的問題。我常說性侵害案件是M型化結構，什麼叫M型化結構？M這個大寫英文字母，中間谷底，兩端山頂，正如同性侵害案件所面臨的弔詭困境——實際上發生的性侵害犯罪有著龐大、偏高的黑數結構，同時性侵害案件因為其特殊的證據結構，也就是絕對偏向以供述為主的證據結構，產生出大量的疑似冤案。」

「我是個律師，不是神，我不知道被告有沒有做，能夠判斷的根據就是證據，尤其是供述證據，但我會很警惕它的缺陷在哪裡，希望盡可能讓它是可信的。我自己的經驗是很多家長一再逼問小孩：他有沒有摸你？摸你哪裡？說啊，很重要啊，你不講，警察要把你帶走喔，這種施壓會讓小孩認為他能提供的不是真的答案，而是大人要的答案。我跟我自己小孩做過語言學的語意實驗，我問他，你喜歡吃蘋果還是鳳梨？他說，鳳梨。我再問他，你喜歡吃鳳梨還是蘋果？他的回答是，蘋果。為什麼？因為孩子習慣選後面的答案。他是害怕嗎？也不是。他依賴你而生存，對你的情緒很敏感，感受得到你的恐懼壓力，不明白你是因為愛他，怕他受傷害，誤以為自己做錯了什麼，變得很乖巧，很順服，你要什麼答案，他就給你什麼答案，但如此一來，就可能構成悲劇的開端。」

走進黃致豪的律師事務所，我才剛拿出筆記本與錄音筆，他立刻沒有停頓說了一長串，有條有理，字字珠璣，就像打了草稿似的。

我對黃致豪的印象多半來自新聞事件。身為國內幾樁重大刑案被告（北捷隨機殺人案的鄭捷、小燈泡命案的王景玉、華山分屍案的陳柏謙……）的辯護律師，他的形象頗為兩極，有人認為他言人所不敢言，令人欽佩，也有人認為他專替壞人說話，稱他是「魔鬼辯護人」。有次我們一起去南部演講，北返在高鐵站候車時，他主動聊了不少處理性侵害案件的感慨，我發現他不像大部分法律人只專注於適用法令，也注意到被害人的心理困境，就算措辭平和而理性，我仍能感受到在那些字斟句酌的語言底下的情感伏流。我很想知道，他怎麼看待性侵冤案？他的經驗又是什麼？

「這五年來我真的是接了不少這類案子。有男性被告被指控用手指彈兒子的生殖器，他承認自己有做，但次數不是很頻繁。為什麼我不認為是性侵？因為性侵在刑法上要成立，需要主觀及客觀要素，這個被告做這件事不在於滿足性慾，他承認做過這樣的事，是在客廳，當時太太也在。他為什麼這麼做？原因可能只是那一代臺灣男性粗野不文、充滿刻板印象的肢體動作而已。我不是在justify（合理化）這樣的行為，但以我所知所見，不少男性長輩都對會小孩做這種事。前陣子有個插畫家跟他先生用嘴含住兒子的生殖器，想體驗一下是什麼感覺，畫成漫畫放在臉書上，後來被捉出來公審就撤文了。依照現行法律，兒子未成年又未滿十四歲，是有可能構成某種程度的性侵，但加害人本身並沒有性侵害的意圖，你認為這樣是性侵嗎？」

「我有個案子是小孩跟老師說，我爸都給我亂摸，老師當天打電話通知社會局，小孩立刻被緊急安置，隔離，還被剝奪親權，爸爸也被起訴了。媽媽、他前段婚姻的大女兒及鄰居都證明他不是這樣的人，檢察官說，你們又沒有二十四小時看到他，怎麼知道他不是？這個案子原來是以強制性交罪起訴，後來改判強制猥褻罪，為什麼會改判？因為沒有證據啊，很多案子從強制性交改判強制猥褻的，十之八九都是這樣。後來小孩有變更供詞，說爸爸沒有對他做什麼，是他一開始不懂性侵是什麼意思。可是法官說，你現在的講法是受到家人影響，不可採信，還是判爸爸有罪。」

性侵害案件經常是這樣，有罪無據，平反也難有據，這表示就算被害人真的受害，很難提出一翻兩瞪眼的證據。同樣的，就算無辜者被認定是加害人，也很難找到明確證據推翻被害人的指控，把案子平反過來。實務上是否有辦法避免這樣的情況？

「我不是說兒童的說法都可信，或是都不可信。早期美國法典上說，兒童認知能力不夠，一律不採，或是只有成人說法的二分之一可信，但是也有反過來的說法，認為兒童天真無邪，不會說謊，一律可採。這兩種說法都忽略了兒童發展心理學跟認知心理學對兒童研究的結論，那就是：只要是記憶，就一定需要被判斷。現在我們對記憶的理論都是ESR：編碼（Encoding）、儲存（Storage）、提取（Retrieval）三個階段，當事人的記憶在進入編碼之後，儲存時有沒有受到壓力？提取時是不是用了不當方法？這些都必須考量，所以偵訊時的專業技巧很重要。我辦過的案子，十個至少有八個都是用逼問的方式取得供述，這些方法都會嚴重影響證詞的可信度。」

身為擁有心理學專業背景的律師，黃致豪建議想要有效提問，可以使用心理學的認知會談（cognitive interview）法來進行。認知會談的原則是開放、不是誘導式提問，給被害人具體的時空線索，只要當事人的認知能力不是太差，再搭配到現場做調查，多半能把犯罪時的情形還原到七成到九成左右。他說：

「如果律師好好做他們的工作，是有可能幫助被害人去建構完整的被害紀錄。另外，我們需要幫被害人建立修復的可能性，引導他們在相對安全的情況下去檢視往事，記錄事發當時的天氣、地點、時間，透過正確的方法讓記憶比較完整地呈現。可是現在偵辦性侵害案件，我不確定是情緒因素太高，或是辦案時間壓力，資源不夠，以至於沒有這樣做，很少看到他們會用比較好的方式去引導當事人。司法有個特色跟大數據很像，garbage in，garbage out（垃圾進，垃圾出），如果一開始調查的證據沒弄好，告訴代理人、警察跟檢察官都很隨便，把證據丟進系統裡都是垃圾，最後法官判出來的結果就是垃圾。這要怪法官嗎？我覺得也怪不了法官，因為大家在同一條生產線上。」

我聽過很多人抱怨，司法把精力花在反覆檢視被害者的證詞，而不是證明加害人有罪，這對被害人太不公平了。如果被害人未經正確引導造成證詞被汙染，或因恐懼害怕而無法陳述事實，法律上就必須斷定沒有發生性侵嗎？

「喔，不是的，」黃致豪很快回答道，「我們在檢視每一件性侵案時必須要看脈絡。我讀過一篇作品叫〈我幫強暴我的人做早餐〉，[5]我完全可以理解這個敘述的脈絡。但我講一件很政治不正確的事，如果依照這樣的敘事歷程，要判加害人強制性交罪，在法律上的舉證標準恐怕是不夠的。我們在犯罪學裡討論victim（被害人）時有個很重要的定義，就是當被害人覺得被害，就是被害了，我們不是在爭辯說有『真被害』跟『假被害』，因為被害有『主觀被害』與『客觀被害』，而『主觀被害』不見得是在說謊。」

如果被害人主觀上認為被性侵，卻提不出任何證據，根據無罪推定原則，司法很難判處被告有罪，這也是不少人對性侵害案件判決的質疑——對性侵犯進行推定無罪，等於向被害者推定有罪。真是如此嗎？

「我認為『無罪推定』這四個字在臺灣法庭就是個笑話，我坦白跟你講就是這個樣子，」黃致豪這樣描述，「臺灣司法的天平是極度傾向告訴人的，尤其是檢方，過去二十年的定罪率大概是九二％至九五％，刑事案件要被認定無罪，是極度艱難的事情，多數敢做無罪判決的是已經在司法界被稱為黑羊的人，這些黑羊大概不到百分之一……當然啦，這是我偏激的想法。」

「如果有機會的話，你可以看一下最高法院對於性侵害案件供述證據的見解，非常的誇張，有『是他本人經歷，偶爾前後供詞矛盾不一，也不是完全不可採』，也有『前後供述不一，當然不可採』，什麼樣的寫法都有，這就是confirmation bias（確認偏誤），有了結論再來寫。法官案件太多，壓力太大，或是有種義憤，覺得性侵別人的都很該死，萬一是冤案怎麼辦？所以撤銷改判，重罪變輕罪，十年變兩年，反正就是要判有罪，只

---

5 一位性侵被害人敘述自己在遭受性侵後的非典型被害者行為，包括沒有反抗，甚至隔天還幫加害人做早餐。https://www.ettoday.net/news/20170508/920009.htm。

是換成比較不容易被挑毛病的罪名。什麼罪名最不容易挑毛病？『強制猥褻』怎麼判都不能被挑出毛病，因為它不會留下物證，除非有人蠢到在CCTV（監視器）前面做強制猥褻的動作，否則非常不容易判斷，『欲加之罪何患無詞』就是這個意思。我認為，強制性侵或猥褻不是無法依照法定正當程序蒐證來辦，現代科學提供給我們可以使用的武器，像心理科學或是鑑識科學都是，只是看你要不要用，或會不會用。一個案子可以好好辦，讓被告無所遁形，為什麼要用含沙射影的方式辦？這是我不懂的。」

「通常法官不願採納什麼方法得到證據？」我問他。

「譬如我剛才提到心理科學的認知會談就是。現代科學已經可以把供述拿來做分析，看這個供述的可信度有多少，可是我們法律人講到科學，只知道李昌鈺，只知道頭銜。我說過一句很酸的話，你就算叫李昌鈺到婦產科作證，他的證詞也會被採納，這是法律人的問題——分不清科學與偽科學。相反的，對於已經建構了一百年的心理科學，很多人卻覺得是假的，他們說，心理學？不就是心理測驗嗎？但你跟他講心理測驗、心理衡鑑、同儕審查信度效度，他們又不懂，也不知道是真不懂還是裝不懂。追根究柢，我認為臺灣法律人的訓練從來都不在意『證據』兩個字，證據就是事實嘛，事實裡面包括了邏輯科學與證據法則，可是法律系的人花了多少時間教你怎麼判斷證據？在臺灣，證據法是最沒有人要學的東西，在美國證據法是非常非常重要的法律，證據法巨擘都是世界等級的，可是在臺灣，你何時看過證據法的書變成法律主流？」黃致豪火力全開，批評力道之強，令人替他捏把冷汗。

我想起臺大心理系趙儀珊教授花了幾個月的時間，逐一分析許倍銘案中警察、社工的提問與巧巧的回答，解讀每個人的非語言行為，包括每個句子之間停頓多久，提問者是否同時說話，巧巧的身體反應，作為判讀證詞可信度的依據，最後做出「指示性與誘導性問題過多」，「證述有可能受到嚴重汙染，之故推論被害人證述之可信度低」的結論。冤獄平反協會以這份鑑定報告作為新證據聲請再審，還是被駁回了。

如果性侵害案件因為證據結構使然，無論判被告有罪或無罪，都不容易讓人滿意，那麼，身陷兩難的法官該如何自處？

「在我看來，無罪推定必須搭配心理素質能夠準備違逆多數人的能力，這正好是臺灣司法工作者的死穴。近年來司法倡議方向有一個轉變，已經很少強調司法的抗眾性，相反的都在強調要貼近人民，」說到這裡，黃致豪嘆了口氣，「問題是，**司法不是為了貼近人民存在，是為了抵抗權力而存在**，司法權力的來源在於check and balance（制衡），這是基本民主政治１０１（入門）。司法為什麼要獨立？為什麼要抗眾？因為司法一旦為其他力量所用，例如早年司法隸屬行政，蔣介石可以說這只能判死刑，法官在那邊就是個圖章嘛。司法獨立就是要避免這種狀況，必須要自己獨立判斷，這個判斷可能當權者不喜歡，多數民眾不喜歡，同儕不喜歡，但你還是要根據良心跟證據做判斷。為什麼憲法給法官這樣的權力可以獨立審判，不被干預？因為我們要確定司法不受權力侵害，當然也不應該受民意的干預與侵害。我們相信這些人受過比較多理性訓練，有能力嚴守法則，所以把守門員這樣的任務交給法官、檢察官處理，既然如此，他們對於無罪推定原則應該要比一般人多一點堅持。」

證據不是絕對的，重要的是判斷證據的能力與態度。訴諸道德感情替被害人平反，可能忽略詢問與指認過程的瑕疵，傾向蒐集嫌疑犯有罪的證據；但反過來說，忽略被害人身心狀態不夠穩定，無法清楚描述被害經過，更無法具體提出事證，是否就無法斷定性侵屬實？

這就是司法的難處，人人都希望判決向自己傾斜一點，最後的結果肯定無法討好每個人。

黃致豪說過，律師必須有一個基本覺悟，就是當事人是「沒有臉」的，不論高矮胖瘦、或美或醜、或貧或富，都不能影響自己的判斷，這話說來容易，真要做到，勢必得承擔不少壓力。尤其像他這樣老是替殺人犯、性侵犯這類「眾人皆曰可殺」的當事人辯護，如此「不貼近民眾感情」的做法，應該很「顧人怨」吧？

「辯護工作帶給我很大的傷害，每一個案件都會構成我的情緒勞動，這是必然的。

家屬跟倖存者在法庭內、外對我的侮辱毫不客氣，媒體也輕視我……」

「輕視？有這麼嚴重？」我驚訝極了。

「喔，說『輕視』算是客氣了，」黃致豪苦笑起來，「我有個不太好的習慣，就是不喜歡跟多數人的看法一樣，所以當大家都討厭我的時候，我比較容易肯定自己做的是對的，這樣其實不太好。現在年紀大，好很多了，今天如果不是你訪談的話，我也不會說這些話。如果你把今天訪談的逐字稿披露出去，外界隨便揀一兩句拼湊，我就死定了，可是如果你整個脈絡聽下來，我想你可以瞭解我的意思。後來我學會了不理媒體，碰到被害家屬就忍耐一下，不過做久了我也會問自己，這種被人家吐口水的工作，我還要做多久啊？這好像在暗示每個人心裡都潛藏著被眾人認可的慾望。我承認難免會有啦，但我最怕的是影響我的家人，這樣就不好了……這是我做這個工作的代價吧。」

後來我輾轉得知，經常替「壞人」辯護的黃致豪遭受過不少惡意攻擊，有人冷言嘲諷說他藉機賺取名利，有人當著他的面吐他口水，有人威脅要殺了他的家人再找他辯護。我實在很難想像，這些人是懷抱著多大的惡意，才做得出這樣的事？無論黃致豪是基於什麼理由接案，他的工作所要保護的不只是被告，而是正當法律程序，他不是在「保護壞人」，而是在維繫一個法治國家所需要的公平而已，為什麼如此艱難？

「只要是辦過性侵冤案跟真正性侵案的律師，就會知道這其中有多艱難。事後諸葛都比較簡單嘛，所以我很少苛責別人，只會想說如果是我的話，我要怎麼辦。」提起被害人，他的聲調柔和了起來，「我自己處理過相當數量的性侵被害人的案件，並不好處理，重要的是溝通跟陪伴。我會跟他們說清楚案件的多層次本質，因為法律面能幫助他們的真的不多，蒐證歷程真的很痛苦，到最後還要一直問一些問題，可能會讓律師變成他們微創傷的來源，或者根本就不想看到律師，這時就要把問題導向事件對他們人生的影響，以及他們跟自己對話的可能性。如果被害人想把整件事埋藏起來，既然結束就不想再提了，我們就會問，那你還要繼續追究嗎？這不是跟你來找律師的目的背道而馳嗎？通常我的問話不像一般律師，比較像是在做talking therapy（談話療法），我會告訴對方，如果委任的話，接下來我們會做什麼，這段過程你可能會很痛苦，也可能會得到自我療癒，被害不是你的錯，從來都只是加害人的錯。我會告訴被害人法律的限制、法律的程序是什麼，不讓這樣的事情造成他們二度傷害，但不會阻止我去倡議修復式司法。我的意思是說，我在倡議的同時，也會讓被害人知道reality（現實）在運轉，不能一廂情願因為自己被害而阻止reality的運轉，而必須認知事實，擬定策略，改變行為，從而獲得對案件正向的結果。當然最好的情況是他們的創傷可以得到療癒，案件能得到有利的結果，也能讓整個體系有一點點進步。」

所有證據的解讀都具有相對性，法官能做的是理解個人認知上的限制，程序上盡量減少發生錯誤的機會。刑事訴訟的正義是落實正當法律程序，而不是判決結果，只是一般民眾是否瞭解呢？

3 罪的重量

每次發生眾所矚目的性侵害案件，特別是兒童性侵害案件，社會輿論經常批評法官量刑太輕，「重判被告」的呼籲於焉出現。嚴刑峻法真能有效減少性侵害案件的發生嗎？

我問過黃致豪這個問題，他的答案顯然是否定的：

「所有犯罪學的證據都告訴我們，提高刑罰的邊際效益真的很低，它只會在一定程度裡面發生效力，超過了就沒效了。為什麼當代犯罪學理論已經承認嚴刑峻法的扼止效力非常有限？這是一個科學事實，都有數據。你明知道這樣幫助不了被害人，也修復不了他們的痛苦，而且造成冤案可能性很高，還在推這些事？坦白說，如果是明知道這些科學證據統計跟研究結果，這是故意視而不見！」

「很多問題必須正本清源，才可以逐步解決問題，不是一蹴可幾的。我們可不可以一邊倡議，一邊進行性別教育的研究、性侵害事件類型化動機蒐證的研究、加害人的研究、詢訊問技巧的研究……這些你做一年看不出效果，可是做個五年、八年、十年，一定會讓下一個世代更好，可是我看不到有人對這個有興趣啊！你明明知道很多人被害不敢講，也知道很多冤案被害者憤恨地活在世上，最簡單的處理方式就是蒐證嚴謹，加上教育，加上後端的修復，為什麼只倡議單一議題？你跟我說，我現在就要扼止性犯罪，我要的是即刻的正義，『I want it all, I want it now!』但這是不可能的。」

這讓我想到美國著名哲學家瑪莎・納思邦（Martha Nussbaum）在談到憤怒與公平正義之間的關係時指出：

> 憤怒極少存在其他因素：往往都是希望報復加害者使其承受同等的痛苦。過渡性憤怒能夠賦予懲罰有效的作用，所以要區別未來導向型和單純過去導向型的報復很棘手。但人們對未來福祉的定位通常並不純粹。受到攻擊時，他們的衝動便是反擊。他們很容易幻想另一邊的疼痛能平衡抵銷自身所承受的痛苦，這也是為何謀殺案受害者的親屬普遍支持死刑。但死刑從未被證明具有威懾價值，人們要求它只是因為報復比例適當性：讓受害者的死亡由罪犯的死亡償還。
>
> 我們都知道一些受害者執著於報復性幻想或計畫，想要對付那些待他們不公的人……。一項關於「受害者影響」陳述書對刑事審判作用的研究表明，這些陳述大多是為了提高懲罰程度的報復需求。然而，過去的傷痛已經過去，疼痛只會產生更

多的疼痛，並不能修復原本所受的傷。痛苦與過去痛苦的比例本身，並不是嚴厲懲罰的理由，而且通常分散了人們對於修補未來的注意力。[6]

我可以理解人們因憤怒而渴望嚴刑峻法的心理。問題是加重性侵罪的刑度，未必能反應被害的強度；傾向透過嚴刑峻法解決性犯罪，是否說明了民眾對性犯罪的無力，只好期待加重刑罰替被害人討回公道？黃致豪犀利點出問題所在：

「任何受過大一法學教育、如果有讀懂《刑法》著作的人都知道，《刑法》跟《刑事訴訟法》的設定並不是為了被害人而存在，而是為了回復整體的法和平跟法秩序的存在，否則應該動用的是復仇權，而不是國家刑罰權。《刑法》的謙遜原則跟《刑法》的最後手段性，這是司法的１０１，臺灣人側重刑罰思想，凸顯了我們對於威權的依賴。

我一直很希望大家能坐下來，冷靜地一項一項把案子的證據拿出來檢視，討論這些證據在司法程序上有什麼樣的重量，可以疊起來超越法律的標準或門檻，但光是做這個動作

6〈瑪莎・納思邦：女性主義運動與狂怒的弱點〉，Mumu Dylan，《Mplus》，二〇二〇年三月十二日，https://www.mplus.com.tw/article/3116，譯文略有更動（納思邦原文見 https://bostonreview.net/articles/martha-c-nussbaum-tk/）。

就會引發很多人不舒服，解釋成是對被害人的二次傷害……」說到這裡，黃致豪認真總結道，「基本上，世界民主法治政體都是這麼做，因為國家機器的力量過於龐大，必須加以限制，而且國家機器常受到民意或輿論民粹風潮影響，承審法官與檢察官很容易迷失在情緒或輿論的浪潮裡。我知道有些倡議團體的立場，認為無罪推定原則在性侵害案件要有某種改變，我非常害怕這件事。我的意思並不是真正的被害者不值得司法修復，或是給他們正義的裁決，當然不是，『爾愛其羊，我愛其禮』，他們看的是判決結果，我在意的是國家民主法治的骨幹是什麼，如果今天為了這類案件可以compromise（妥協）一個所有民主法治國家普遍認可的法治原則，還有什麼不能做的？這是我覺得可怕的地方。」

藉由重刑處理性犯罪，或可紓解一時不滿，未必可以解決問題。司法要維持審判的獨立性，絕對不能單靠個別法官，也需要有尊重法院判決的外在環境，若是判決壓力來自媒體帶起的風向，著實令人害怕。

例如轟動一時的白玫瑰運動。

二〇一〇年八月十五日，《蘋果日報》獨家報導某六歲女童遭林姓男子性侵，檢方依《刑法》第二二二條「加重強制性交罪」起訴，求刑林男七年十個月，高雄地院以林男「未違反女童意願」，判刑三年二個月。這樣的判決結果引發外界不滿，認為「法院這麼認定，不就等於宣告小女孩同意和陌生大人發生性行為，怎麼可能？」「六歲女童對性瞭解有限，對於不懂的事，即使沒拒絕，法官也不該認定她同意，如此判刑是離譜了！」「女童年紀那麼小，嚇都嚇呆了，怎麼反抗！」「發生在大人身上都會不知所措，何況是女童，怎可要求要反抗！」「法官真是沒有常識，亂搞！六歲女童根本沒有反抗能力，發生這種事怕都怕死了，怎麼反抗！」[7]

這則新聞經過大量轉載，立刻引發群情激憤，網友發起「荒謬判決？太瞎了」法官免職連署，立刻得到十幾萬人響應。隔了幾天，《聯合報》[8]與《蘋果日報》[9]又刊出兩起兒童性侵害案件「輕判」的消息，強調「純真善良的女童最不該受到傷害」，「傷害無辜女童的犯罪者應該受嚴厲譴責」，更讓民眾不滿急速升溫，以「恐龍法官」、「白目法官」形容這些「欠缺常識」、「與社會脫節」的法官，並透過網路集結組成「正義聯盟」

7〈男子性侵六歲娃，輕判三年二月，法官竟稱「未違女童意願」〉，郭芷余、邱俊吉，《蘋果日報》，二〇一〇年八月十五日。
8〈二歲女記錯時間？性侵犯判無罪〉，白錫鏗，《聯合報》，二〇一〇年八月十九日。
9〈可惡　法官又稱未違意願　三歲童哭喊不要仍遭性侵〉，賴心瑩、郭芷余，《蘋果日報》，二〇一〇年九月一日。

發起「白玫瑰運動」，[10]吸引上萬人在凱達格蘭大道抗議，提出妨害性自主的保護對象由七歲以下擴大至十四歲以下及身心障礙者、受性侵兒童出庭應有兒童心理專家全程陪同、不適任法官應有評鑑與退場機制等訴求。

眼見群情激憤，最高法院做成九十九年第七次決議，以「年齡」作為區分標準，認定與未滿七歲者性交，一律以《刑法》第二二二條加重強制性交罪判處，至於這個年齡劃分的依據是什麼？則未做解釋。馬英九總統親上火線，對他提名一起「輕判」三歲兒童性侵案的審判長邵燕玲出任大法官向大眾致歉，司法院長賴浩敏表示「司法固然要獨立，也要能貼近民眾感情」。最後法院撤銷原判決，改判林男七年六個月有期徒刑，邵燕玲法官亦聲明放棄大法官被提名，相關爭議才告一段落。

性侵對被害人的傷害是持續的，久久難以平復，人們對於輕判加害人的憤怒，我不難理解，也可以體會。可是平心靜氣想想，什麼叫作「輕判」？不符民眾期待的判決，就叫作「輕判」嗎？《憲法》第八十條說：「法官須超出黨派以外，依據法律獨立審判，不受任何干涉。」群眾透過集體抗議意圖改變判決結果，這不是干預司法獨立審判嗎？每思及此，總讓我思緒萬般複雜。

為什麼一起兒童性侵害案件，可以瞬間點燃群眾怒火？我認為與媒體報導的內容有很大關係。發起白玫瑰運動的正義聯盟發起人曾香蕉說：

當初看到媒體揭露此判決時，感到相當氣憤與不平，身為二個未成年孩子的父親，很難想像這樣子的判決，該如何保護這些孩子們的未來？為人父母者，又得再花多少心力去擔憂子女的人身安全？司法應給予安分守法百姓的保障……網友譴責的聲音，無法更改一審的判決，也不能讓審案的三位法官因本案而下臺，但我衷心地期望，司改不是喊喊口號而已，而是確實地執行。[11]

曾香蕉看到的是原始判決書的內容？還是經過媒體「詮釋」的報導？至少就我閱讀大量相關新聞報導的經驗，不曾看過媒體直接引用判決內容，曾香蕉應該是沒有機會、也不太可能讀到原始判決。既然如此，引發曾香蕉及民眾憤怒的「法官以『未違反六歲女童的意願』而做出判決」的說法，是從哪裡來的？

起初檢方建議以《刑法》第二二一條的「強制性交罪」量刑，但負責審理的高雄地

---

10 事實上，白玫瑰運動總共有三波，除了第一次（二〇一〇年九月二十五日）號召上萬人上街頭，提出妨害性自主的保護對象由七歲以下擴大至十四歲以下及身心障礙者等三項訴求，第二次（同年十一月二十日）及第三次（二〇一一年七月三十一日）的參與人數明顯下降，主要訴求（如制定臺灣《梅根法案》、修改《性侵害犯罪防治法》等）也不像第一次那麼受到外界關注。

11 見正義聯盟官網總召曾香蕉感言，二〇一〇年八月十五日，https://xteam.wwww.com.tw。

院認為林男沒有使用暴力，路過民眾也沒看到女童反抗，「無客觀明顯地使用強暴、脅迫等強制力手段」，改採刑罰較輕的《刑法》第二二七條判刑，顯然法官認為重點不在於林男是否「有違女童個人意願」，而在於他是否「做出強迫女童就範的行為」。

當時，尤美女律師與黃長玲教授提出她們的見解：

一九九九年《刑法》增訂「妨害性自主罪章」，目的為保障每一個人的性自主權，強調以被害人之感受去判斷是否違反被害人之意願，以避免任何人基於「權力關係不對等」，而造成對他人意願的「壓制」……

很遺憾的，在法條文字修改之後，「抗拒與否」卻依然左右了法官們對於「違反意願」的法律解釋與事實評價，在修法之後的強制性交的判決中，有的法官質疑為何被害人自己上車或進房間、上了車為何不跳車而逃、如果沒逃為何不大聲叫、為何被害人沒有因抗拒而受傷、如果被害人不願意發生性行為而亂動的話就不可能順利插入等等。這些法官們的論證是，受害人既然沒有逃、喊、亂動或因抵抗而受傷，因此就不構成「違反被害人意願」，也就不構成強制性交罪。這種傳統苛責被害者，縱容加害人，以及七〇年代穿針理論「女人不願意，就絕不可能發生強暴」之迷思，依然在父權司法體制下運作。

這些法官對於被害人顧慮工作不保、學業成績受到影響、或恐懼受到更大身體傷害的情形似乎毫無所覺。加害人與被害人在這些法官的思考或判決中，成為了活在真空中的兩個個體，彼此之間毫不存在社會脈絡下的權力差距。[12]

尤、黃認為，法院無法意識到權勢性侵中權力的不對等，讓被害人難以呼求或抗拒，才會做出類似的判決，這也是性侵害案件判決經常引發爭議的原因。不過引發白玫瑰運動的案例，究竟承審法官的主要考量是什麼？真的是加害人「沒有違反女童意願」嗎？

在眾多評論之中，錢建榮法官力排眾議，直指核心：

《刑法》第二二一條第一項規定「對於男女以強暴、脅迫、恐嚇、催眠術或其他違反其意願之法而為性交者，處三年以上十年以下有期徒刑」。這條被稱為「強制性交罪」的刑罰法律，立法者在違反其意願之前例示「強暴、脅迫、恐嚇、催眠術」，也就是對被害人施以不論「物理上」或「心理上」的限制行為，不一定是要有形的

12〈法官欠缺性別意識〉，尤美女、黃長玲，《中國時報》，二〇一〇年九月九日。

強制力，只要是足以證明違反被害人的意願的方法，就構成本罪……換言之，**本罪的重點在違反意願的「方法」，而所以要證明有違反意願的方法，其實正是要保護人民不會因為無端的指控而入罪……只有行為人實行了限制被害人性自主決定權的行為，才能清楚地證明是否違反被害人意願，否則豈非空口白話？如果只要被害人空言指述違反其意願就判處被告重罪，我想這才是屈從於民意，不能堅守罪刑法定原則的「恐龍法官」。**

細讀邵法官擔任審判長的最高法院刑九庭合議判決，該庭要求原審法院查明的，正是被告「有無實行違反女童意願的方法」，絕非要原審法院查明「有無違反女童的意願」，因為法官的腦袋與庶民沒有不同，三歲或六歲的女孩當然沒有性交的意願，這不用證明，依法也毋須證明，是媒體不明究理，自始就以「無法證明違反意願」來指控這些判決的法官，民眾更因欠缺資訊及判斷能力而隨媒體起舞，加上說不清的法院發言人，更因為最高法院去年因為媚俗而棄守立場的決議，[13]導致適用《刑法》第二二七條第一項的法官全成了恐龍法官。[14]

法律是高度抽象、技術性的文字，文字必須抽象，才能涵蓋最大的行為範圍，不致出現無法處理的例外；同時，法條也必須使用專業術語，才能除去常識語言中不確定的意義。法律文字的抽象與專業，讓專業背景不足的記者誤認法官以「嫌犯未違反女童意願」輕判被告，造成對法律一知半解的民眾誤解，並以情緒動員抗議法官的判決，最後竟然也成功了。

此外，白玫瑰運動號召民眾手上拿著白玫瑰，牽著穿白衣的兒童，提出「司法配不上純潔的小孩」、「一次都不能被侵犯」、「貞操神聖且重要」等訴求，也讓我感到不安。以白玫瑰與白衣象徵純潔的兒童，像是暗喻著「性侵」是玷汙的源頭，這對被害人來說情何以堪？難道被害的兒童就不純潔嗎？再者，把性侵兒童的罪名特殊化，特別要求加重被告刑期，是否反而強化了父權意識形態的貞操觀？只可惜兒童性侵害案件向來牽動社會情緒，如此「政治不正確」的觀點，一直沒有被認真討論過。

二〇一〇年底，監察委員沈美真完成白玫瑰運動調查報告，提出了很重要的五點：一、兒童遭受性侵害案件，受限於被害人的認知、表達、記憶能力與性侵害的創傷影響，易發生被害人難以陳述或前後陳述不一，司法實務認定事實不易，若承審法官對

13 這裡指的是最高法院做成的九九年度第七次十四刑事庭決議。

14〈為恐龍法官喊冤——強制性交罪的爭議〉，錢建榮，《司法改革雜誌》第八十三期，頁一七，二〇一一年四月。

此未有充分瞭解，心證上易為不利被害人之認定，極易誤判。

二、引發輿論批評之相關爭議判決，因兒童遭受性侵害案件的特殊性，審判過程倘未詳加探究原因，極易誤判；又因現行法律構成要件限制，有法條適用爭議；目前相關案件多以《刑法》第二二七條量刑三年以上十年以下，輕重似有失衡，亦為輿論批評主因。

三、依《性侵害犯罪防治法》規定，性侵害案件應由專業訓練之專人辦理。但法院審理兒童性侵案件，空有專庭專股形式，但欠缺對性侵害被害人身心創傷及兒童身心發展之認識，有違立法意旨。

四、兒童性侵害案件有賴專業人員協助法院發現真實，避免誤判。但實務運作情形未能發揮預期成效，針對應否「逐案辦理早期鑑定」或引進英美法上「專家證人制度」等建議，司法院與法務部對政策規劃、法制修定與執行細節，仍互存歧見，司法院、法務部與內政部等相關主管機關應盡速研商解決之道。

五、《刑法》「妨害性自主罪章」涉及兒童為性侵害被害人相關條文，適用上衍生立法不周之爭議，法務部宜廣納各界意見，妥適修法。

沈美真在接受媒體採訪時，做了以下補充：

沈美真說，對於小孩有沒有違反意願從事性行為，就法官而言，很難判斷，有些法官是「推定」違反孩子意願，所以用比較重的條文處罰，但法律訓練其實是要依法審判，要認定一個人有錯時，必須要積極證明他有不當的行為。她說，白玫瑰運動關注的兒童性侵案，有些人認為量刑太輕，這是因為法官應有的專業訓練太少，或許法官在法律上是專家，但對事實不是那麼清楚，對性侵嚴重性以及兒童身心發展程度不瞭解，所以事實認定容易錯誤，以至於量刑太輕。沈美真認為，這是立法的問題，也是法官訓練不夠、專業知識不足的問題，而截至今日，司法單位還是缺乏有效解決方案，司法單位做得太少，難保類似案件不會再發生。[15]

這份報告點出的問題都很重要，只是民眾只關心判決結果，輕忽了結構性問題，並未引起迴響。二〇一一年《性侵害犯罪防治法》修定，包括將科技設備監控列為獨立處遇方式，回溯二〇〇六年六月三十日以前加害人經鑑定評估有再犯之虞者，得聲請刑後強制治療；二〇一五年《性侵害犯罪防治法》再次修定，明定兒童及障礙者於司法偵審階段應有專業人士協助進行詢訊問等相關條文，促成司法詢問員制度的建立。有論者認

15〈邵燕玲爭議　監委不忍苛責〉，葉素萍，《中央社》，二〇一一年四月一日。

為這兩次修法應歸功於白玫瑰運動，但我以為這是民間倡議團體多年累積的成績，很難說是個別運動的結果。

白玫瑰運動或有其正面效應，例如喚起人們正視兒童被害人的有口難言的狀況，但也不是沒有負面影響，正如王子榮法官所言：

那時遭遇到很多責難，後來很多法官就發展出一種——我創了一個名詞來形容，叫作防衛性司法，就是說，當法官遇到性侵案件的時候，反而會更想往有罪去判。為什麼？因為這類案件往往有個設定，就是被害人很可憐，加害人很可惡，此時往有罪去判會有一個好處是，比較不會被罵。可是，如果法院很快地有罪推定，就很容易造成冤獄。[16]

性侵害案件中的每一個環節，都無法逸脫出社會的性別秩序與權力結構，引爆白玫瑰運動的女童案也是如此。性侵兒童的罪行是無法被接受的，加害人理應接受法律制裁，然而白玫瑰運動將對個案判決的不滿，簡化為法官個人的問題，滿懷道德憤慨以「恐龍法官」的帽子將案子概括過去，司法體制又不願承擔不正義的汙名，順應民意改變判決結果，這對臺灣社會的影響是利是弊？各界或有不同解讀。但臺灣司法及政治的脆弱性，在這場運動中可說充分顯露出來了。

16〈無有之間：性侵案審判的重重挑戰〉，李怡瑩、柯昀青、羅士翔，《冤冤相報》電子報第七十九期。

七、科學證據的兩面刃

性侵害案件是隱蔽而幽微的，多半缺乏直接證據，如果雙方各自提出不同故事版本，將會籠罩在各執一詞的迷霧之中，成為被害人與加害人的可信度之戰。這迫使我們必須深刻探索與思考，證據要到什麼程度，才可以判定無罪或有罪？

為了解決難以認定事實的問題，司法經常藉助鑑識科學（Forensic Science），以科學方法認定與評估證據的可信度，例如測謊、驗傷、DNA檢測或精神鑑定等，渴望真相能清清楚楚、明明白白地呈現出來。

照理說，經由鑑識科學得到的證據應具有中立性、權威性與客觀性，國內、外許多重大刑案，也都是透過科學證據而破案的。不過證據固然不會說謊，它自己不會說話，需要透過專業人士的解讀。然而透過鑑識科學得出的證據，真的就完全可信嗎？面對無法還原的現場、晦暗不明的疑點，科學與司法該如何相互辯證？

1 DNA會說話？

先說DNA鑑定。

DNA鑑定是目前鑑識科學中最具有公信力，可說是一翻兩瞪眼的證據，有就是有，沒有就是沒有，無論在哪個實驗室，只要用相同的方式，鑑定結果應該是相同的。但若是不夠瞭解DNA鑑定原理及其局限，誤用或錯解了鑑定方法，不是沒有可能造成誤判。

例如江國慶案。

一九九六年九月十二日，五歲謝姓女童在臺北市空軍作戰司令部營區遭到性侵身亡，死時小腸斷裂脫出、子宮脫落、下體嚴重撕裂傷，且有遭鈍器插入的痕跡。一時之間輿論沸騰，要求迅速破案，軍方在強大壓力下組成專案小組，循線找到江國慶，經過連續三十七小時的訊問與刑求，他坦承犯案，遭軍法判處死刑。直到二〇一一年地方軍事法院進行再審宣判無罪，才確認當年判決錯誤。

這件案子有完整的法醫與刑事鑑定，還有解剖報告、DNA檢驗及犯罪現場重建鑑定，[1]全部都支持軍法定罪，為什麼還是造成江國慶冤死？

當年被檢方視為最重要的物證，是一張沾有被害人血液及江國慶精液[2]的衛生紙，事隔多年檢方重新檢驗，才發現這項「鐵證」經不起考驗，原來法務部調查局是用衛生紙上的血跡斑跡，[3]以「抗人血紅素血清免疫沉降反應試驗法」進行檢測。「抗人血紅素血清免疫沉降反應試驗法」是用來鑑定血跡是否為人血，不是用來鑑定精液，為什麼調查局這麼做？而且法醫竟然直接引用，法官也照樣買單？

性侵害案件有DNA作為證物，當然是極為有利的證據，但若是檢驗過程沒有按照規定，或是實驗品管有問題，照樣會發生錯誤。臺大醫學院法醫學研究所李俊億教授以江國慶案為例，說：

國防部北部地方軍事法院一〇〇年再字第〇〇一號服股判決（下稱北軍院判決書）

1 此案定罪證據有諸多問題（例如女童身上沒有刀傷，法醫卻研判凶器為「刀刃狀鈍狀異物」），這裡僅提與DNA鑑定有關的部分。

2 該案起訴事實認定江國慶「沒有射精」，既然如此，衛生紙上的精液從何而來？

3 法務部調查局是用什麼進行分析？按國防部北部地方軍事法院判決，一〇〇年再字第〇〇一號服股判決書第五頁敘述：「……渠時係採取衛生紙中『含有血跡斑跡處』來鑑驗。」但臺灣臺北地方法院檢察署檢察官起訴書，一〇〇年度偵字第三二一二一號、第四八三一號第七十一頁敘述：「非為含血跡之斑跡……。」到底調查局採樣的檢體是不是「含有血跡斑跡處」？兩種說法顯然相互矛盾。

之理由……「鑑定人……分別於北軍檢署一〇〇年三月三日到庭具結證稱，本件由原國防部軍法局委託鑑驗，渠等均參與當時嫌犯精液部分之鑑驗，渠時係採取衛生紙中『含有血跡斑跡處』來鑑驗，而『SM試劑精斑檢查法』是用來初篩精液斑跡，『抗人血紅素血清免疫沉降反應試驗法』則是用來確認精液斑跡……」。此敘述顯示，當時之調查局係以驗血試劑檢驗精液，因「抗人血紅素血清免疫沉降反應試驗法」係用來鑑定血跡是否為人血之檢驗方法，而非鑑定精液。實驗室對基礎之精液檢驗方法都無法正確選擇，令人難以想像。

以「品管」原則檢驗此鑑定報告顯示，使用錯誤的鑑定方法所做出的鑑定報告，仍有可靠性可言？關鍵衛生紙有精液？若以上述「抗人血紅素血清免疫沉降反應試驗法」檢驗「含有血跡斑跡處」之精液，則陽性反應表示該檢體含有人血，而非精液。依據空軍作戰司令部八五年瑞訴字第〇四五號軍事檢察官起訴書（下稱空戰部起訴書）之證據並所犯法條一、（一）引用法務部調查局鑑驗結果：「2.編號11－1證物，含人類血跡及精液，其血型為A型。」此結果因無鑑驗紀錄可供查考驗證，因此只能相信上開鑑定人係如判決書所載以「抗人血紅素血清免疫沉降反應試驗法」確認精液斑跡，惟其結果應係血跡反應，而非精液反應。調查局鑑定單位使用錯誤之檢驗方法，其結果自當係屬錯誤……當時調查局檢驗之檢體正好是血斑與疑

> 似精液斑的組合，而此血斑之血型為A型也正好是精液免疫法檢驗精液的汙染源。因此，縱使使用之檢驗方法為精液免疫法，依據「品管」原則之評估，此精液鑑定的可靠性能不令人懷疑？[4]

一般總以為，既然是以「科學」之名做出來的鑑定，應該沒什麼好懷疑的吧？所以偵查人員決定信任鑑定報告，法官也傾向相信鑑定報告，沒有人想到科學辦案設下的層層關卡全部失守，原應釐清事實的證據，反而成了江國慶冤死的鐵證。

呂金鎧案則是以新的DNA鑑定翻轉案情的例子。

一九九三年十二月，范姓女子在麵包師傅呂金鎧的租屋處遭到性侵殺害，案發前晚借住的陳錫卿（有妨害風化前科）咬出呂金鎧是他的共犯。鑑識人員在現場採得加害人的精液，交由法務部調查局以HLA DQ α鑑定法進行DNA鑑定，證實與呂金鎧相符，與陳錫卿不矛盾。至於現場採集到二十毫升（20 cc）殘留的精液，法醫以男性射精量多為二至六毫升，因此研判加害人應不只一人，於是呂、陳兩人雙雙被判死刑。案子經最

4〈江國慶冤死案致命科學證據之剖析〉，李俊億，《司法改革雜誌》第九十三期，二〇一二年十二月三十日，https://digital.jrf.org.tw/articles/2461。

高法院多次發回，歷經死刑、無期徒刑和二十年有期徒刑，到了二〇〇六年更六審，法院認定呂金鎧與陳錫卿均有罪。呂金鎧心灰意冷，決定捨棄上訴，有罪確定。[5]

這件案子從更一審到更六審，法醫的鑑定報告一直被認為是重要證據。報告中除了指出精液DNA與呂、陳相符，並描述被害者「陰道內有大量乳白色液體，認為是男子精液」、「殘留量大約有20 cc」。如何辨別白色液體是精液？法醫說是「根據二十年的法醫經驗」，至於20 cc的精液量是怎麼測出來的？法醫則坦承未使用科學工具，是單憑目測得來。

到了更七審時，案情突然出現重大轉折。刑事局接受委託，以更精密的短重複序列（Short Tandem Repeat，STR）鑑定法進行比對，並經過呂、陳同意取得他們的DNA，發現凶手的DNA與陳錫卿相符，與呂金鎧不符，確認呂金鎧沒有涉案。但呂金鎧已放棄上訴，無法翻轉罪刑確定的結果。

同樣是DNA鑑定，為什麼兩次會有這麼大的差異？

原來，一九九四年調查局使用的HLA DQ α鑑定法，只能檢測六個對偶基因位點，共分二十一型別，就統計的角度來看，如果有百分之一、千分之一的辨別率就算是很高了，而且全臺灣至少有兩萬人是這種型別。後來生物科技的進步，發展出鑑別力較高的STR鑑定法，能依基因型將不同的個體作區分，當然更為精準。

呂金鎧二〇一二年假釋出獄後，透過冤獄平反協會的協助，以STR的DNA鑑定結果作為新證據提出再審，履遭駁回，請求提起非常上訴，也沒有成功。二〇二一年四月，最高檢察署認為呂金鎧放棄上訴時沒有辯護人在場，合法性有疑義，主動提起非常上訴，還是被最高法院駁回了。

在與DNA鑑定有關的冤案中，我以為最離譜的第一名，要屬陳龍綺案了。

二〇〇九年，陳龍綺與朋友聚會後先行離開，留下來的友人A、B性侵了酒後意識不清的陪酒女性。事後警方在被害人衣服採集到一處混合型精斑，透過基因鑑定認為除了有A、B的DNA，「不排除混有陳龍綺的DNA」。就這樣，陳龍綺突然從證人成了被告，就算A、B兩人證稱陳龍綺沒有參與，法院仍以乘機性交罪判處三人有罪。

這件案子中，唯一指出陳龍綺有罪的，就是鑑定報告中「不排除混有陳龍綺的DNA」的說法。既然是「不排除」，就表示可能有，也可能沒有，為什麼法院認定是「有」呢？陳龍綺要求重驗DNA，法官卻認為沒有必要。二〇一三年，冤獄平反協會聲請再審，刑事警察局以最新技術增加基因位，從原先的十七組基因位增加到二十三組重新鑑定，終於確認「可排除混合陳龍綺之DNA」，讓本案成為臺灣運用這項最新基

5 呂金鎧在沒有辯護人在場、也沒有看到判決內容的情況下捨棄上訴，是否合法有效？也有爭議。

因鑑定法成功平反冤案的首例。

美國國家科學委員會稱DNA鑑定是最具公信力的科學證據，它更被公認是二十一世紀的「物證之王」。既然是這樣，為什麼還是會出現像江國慶、呂金鎧、陳龍綺這樣的冤案？

理論上來說，科學證據應有相當可信度，但若是誤用鑑定技術（如江國慶案），或是錯解鑑定報告（如陳龍綺案），就算是「科學證據」也未必百分之百「科學」。以陳龍綺案來說，法官一旦相信DNA「不排除陳龍綺」，就很難採信他的不在場證明及他的供詞了，正如李承龍教授說的：

> 相信司法人員選擇這條路，無非是希望能扮演維護正義、發現真相和拯救無辜的角色。然而在國內法學教育的課程中，卻沒有物證科學的基礎訓練，導致長久以來，讓受法律訓練而非科學訓練的法官，來決定證據的科學效度（證據力），讓非犯罪偵查專業訓練的檢察官指揮偵查，讓沒學過物證科學的律師來辯護當事人的科學證據，這樣的安排，對於公平正義無非是顆不定時炸彈。
>
> ……DNA鑑定優於傳統鑑識技術，主要在於鑑定結果，可以告訴我們每個基因位型別出現的頻率，進而換算出比對的統計數據，明確告知司法人員，該鑑定究竟

多準確？確認「證據力」有多強？讓警察移送、檢察官起訴甚至法官審判形成心證的過程，可得到準確的機率。想要避免「科學鑑識的暴走事件」在刑事司法的場域再度發生，應該在導入新的科學鑑定方法時，將有關新方法的所有資訊，對辯護方與法院預先教育訓練，並建構定讞後物證鑑定制度，讓被告對於質疑的鑑定結果，檢、辯雙方均可各取一份，各聘鑑識專家互相確認比對結果，以釐清真相。[6]

DNA鑑定法本身並非完美無瑕，做出最後結論的專家是否可能太早下結論？為了盡早捉到犯人，是否可能犧牲了仔細審慎的專業態度，導致被告遭到莫須有的指控？如果我們可以從這些冤案的經驗中，探究被告是如何被定罪，進而檢討偵查與審判過程哪個環節出了問題，透過這樣的還原工程，或可減少不幸的發生。

6〈DNA鑑定科技與發現真相、避免冤獄和人權保障之關連性研究〉，李承龍，《犯罪防治研究專刊》第六期，二〇一五年十月。

2 測謊結果不說謊？

相傳古印度有一種辨識犯人的方法，讓犯人嘴裡含些米粒，放在嘴裡嚼一會，再檢驗米粒的狀態，如果米粒是乾的，代表他就是犯人，理由是人在說謊時一定會緊張，口乾舌燥，唾液分泌得少，米粒就是乾的；如果他不是犯人，不會緊張，唾液分泌不受影響，米粒自然會是溼的。就今天的眼光來看，「米粒斷案法」或許可笑，它仍說明了利用（看似）科學的方法解決法律爭議，是從古至今人類共同追求的目標。

例如測謊。

測謊的原理是這樣的：它假設人在說謊時會產生微妙的生理反應，像是呼吸急促、瞳孔放大、心跳加快、血壓升高等。運用儀器測量受測者回答問題的生理反應，以曲線方式記錄並呈現反應大小，再對受測者回答與案情相關或無關問題時不同的反應進行比較，便可判斷受測者是否說謊。

測謊在嚴格條件下或可作為偵查及審判的參考。所謂嚴格條件包括受測者同意，告知受測者可拒絕測謊，測謊員經專業訓練與具有相關經驗，測謊儀器品質良好且運作正常，測謊環境良好不受干擾等。施測者必須眼觀四面、耳聽八方，判讀受測者的呼吸、心跳，鎖定關鍵時刻，層層剝開真相，然而說謊的人可能出現生理變化，並不代表出現生理變化就一定是說謊，也可能是緊張或驚嚇而出現類似說謊反應。況且，生理變化受到其他許多因素影響，如疾病、個性、情緒、飲酒、服藥等，每個人都不一樣，很難一概而論。如果鑑定者專業能力不足，未遵守標準作業程序，結果未必可信。

再以江國慶案為例。起初軍方找到四名嫌犯進行測謊，江國慶是唯一沒通過的，才會遭到專業小組刑求拘禁，最後被迫認犯。不過，就算江國慶是說謊好了，沒有通過測謊，並不代表就是犯人，不是嗎？但顯然專案小組不這麼想。監察院江國慶案糾正文中提到：「……移送江國慶於法務部調查局測謊，經測試呈情緒波動反應，法務部調查局李復國即鑑定應係說謊，江兵涉有嫌疑，即於同日起由反情報隊展開密集偵訊。」得到江國慶的自白之後，法院再以DNA鑑定結果作為補強證據，判處他死刑。

《測謊之亂人權之失：監察院測謊鑑定違失調查報告》[7]指出，兩名測謊專家重新審核江案測謊程序，認為有以下缺失：

一、測試題目不齊全，許多小題並未列出。鑑定方法包括控制問題法、混合問題法、緊張高點法及沉默測試，江國慶案測試了九次，除了沉默測試項目因受測人不出聲，很容易辨認，其他八次看不出來哪回是哪種測試，每回差異很小，不易分辨。

7《測謊之亂人權之失：監察院測謊鑑定違失調查報告》，頁一一七至一二二，監察院，二〇一八。

二、一般測前會談的標準做法是三十至一百二十分鐘，江案只做了十分鐘，顯然太短。忽視測前會談的重要性，會使受測者與施測者欠缺合作量測關係，增加量測結果的不確定性，容易有錯誤結果，甚至消滅儀器測謊的功能。

三、提問之間間隔太短，都不到十秒（至少應間隔二十到二十五秒），導致下一個問題提出時，圖譜上呈現受測者回答上一題題目的生理反應。

四、呼吸儀器未經校正，無從據以判讀，顯見施測者在判讀時，並未綜合考量受測者的呼吸反應。

二〇一一年，負責施測江案的李復國在接受監察院詢問時，直言測謊沒有證據力：

> 測謊其實不能當證據……科學界普遍接受的法則，才能進入當成證據。所以，測謊其實是作為反情報測試……我的立場是，我從來不主張這個東西能進入法院。[8]

二〇一五年，李復國接受監察院詢問時又說：

> 我認為測謊可有可無。江國慶案，起訴書及判決書從未提到測謊結果。測謊根本沒有證據能力。因為它不像X光片，不像醫學報告，有具體的物體，有具體的物像，

百分之百有證據能力。但測謊只是一個間接的東西。

如果測謊要有證據能力，應該要符合鑑識法則。然而測謊，到現在實務界沒有人朝這方面去解釋。因為測謊由甲或乙做，絕對不可能一樣。案發時，偵查及審理階段，不同時間做，也不會一樣。所以這種東西，怎麼可能有證據能力？……血液、DNA鑑定是百分之百有證據能力，但測謊有證據能力？是有問題的。[9]

至於呂介閔案則是既沒有勘驗測謊錄影帶，也沒有瞭解受測過程圖譜資料，僅憑測謊鑑定結果便推測有犯罪事實的案例。

二〇〇〇年，呂介閔與郭姓女友起了爭執，郭女負氣離去，事後卻被發現氣絕身亡，致死原因是頭部遭鈍器重擊，左胸還有一處咬痕。呂介閔因涉嫌重大，被要求進行測謊。他做了三次測謊：第一次是調查局李復國受檢察官囑託，認定呂介閔說謊；第二次是由臺北市警察局施測，判定呂介閔沒有說謊；第三次是由刑事局施測，也判定呂介閔沒有說謊。第一、二審法院都沒有採納測謊結果，並認為第一次測謊程序有下列瑕

8 同注7，頁二二七。

9 同注7，頁二三一。

疵，包括測前會談只有十二分鐘，徒具形式；儀器測試中曾關閉記錄心脈血壓反應的儀器裝置；提問題目時間間距太短；製作的控制問題不當；沒有測後會談；受測人身心疲憊不適宜測謊等（以上瑕疵均與監察院對江國慶案的測謊意見如出一轍），判處呂介閔無罪。但更一審、更二審、更三審法院卻改採第一次測謊結果，認為後面兩次測謊是呂介閔有「測謊抗體」，不足採信，再加上有DNA鑑定報告，判處呂介閔有罪。

這起案件幾經檢方上訴，不斷發回更審，歷經多年纏訟，呂介閔被判刑十三年定讞。直到二〇一五年以新科技重新比對被害人胸前的咬痕與呂介閔的DNA不符，才洗刷了他的冤情。雖說呂案是靠DNA鑑定獲得平反，不過從多次更審的過程來看，有瑕疵的測謊仍是被法官採信的。

冤獄平反協會立案救援的蔡〇〇案，也是因測謊瑕疵造成的案件。

某智障女翹家多日，母親懷疑張姓友人在那段期間性侵女兒，但張男聲稱加害人不是他，而是另一名蔡姓男子。事後張男翻供，聲稱是被害人母親唆使他作偽證，但始終喊冤的蔡男仍被判處七年四個月徒刑。

這件案子跟大部分智障性侵害案件相同，就是能夠掌握的證據十分有限，只有被害人顛顛倒倒、不清不楚的說詞，以及證人張男的說法。蔡男兩次（法務部一次，刑事警察局一次）測謊都沒有通過，就被檢方起訴了，至於測謊結果是否可信？根據民間司法改革基金會的研究，[10]測謊過程至少有以下瑕疵：

一、法務部施測人員林振興在一九九七年取得美國測謊協會會員資格，已於二〇一〇年停權，但他在報告中仍自稱是美國測謊協會會員。刑事警察局測謊人員蕭志平聲稱擁有美國測謊協會會員資格，但未附資格證明，冤獄平反協會去信詢問美國測謊協會，發現沒有這位會員的紀錄。

二、一般來說，智商低於七十以下的人並不適合測謊，蔡男智商只有五十一，測謊結果應不能作為證據。

三、施測人員違反中立鑑定人的角色。蕭志平在施測過程對蔡男說：「你不要給我亂來喔，你要按照我的指示，我問你的東西，你自己不要在那邊亂搞喔，你亂搞，其實我都知道喔！」測後會談時，蕭又對蔡男說：「你為什麼要這樣欺負這個女孩子？你講出來。」「你這樣玩弄司法，你絕對會被重判喔！」顯見施測者自認是偵查人員在進行訊問，違反專業倫理。

為了證明測謊報告不具證據力，冤獄平反協會提出衛生署桃園療養院出具的診斷書，以「蔡男是中度智障」作為新證據聲請再審，但是被駁回了，理由是：「該心理評

10 同注7，頁二一八至二一九。

鑑與測謊日期相隔兩年，其效力可否回溯，恐有疑慮。」意思是現在蔡男被鑑定是中度智障，不代表他兩年前接受測謊時是智障。問題是一般人的智力在沒有外力或疾病干擾之下，可能在兩年之內突然從「非智障」變成「智障」嗎？

測謊鑑定是否可作為證據，向來有兩派說法。一派認為測謊沒有可再現性，對同一個人重複測謊未必得到相同結果，無從檢驗其正確性，不可當成科學證據，甚至應完全排除；另一派則認為測謊在嚴格要件下具有證據能力，可以作為審判參考，只是不能作為唯一或絕對證據，應由法院斟酌判斷。由於《刑事訴訟法》沒有規範測謊鑑定的證據能力，司法機關也沒有制定相關規範及標準作業流程，各級法院及檢察機關的判斷標準始終沒有一致見解。

二〇一九年，司法院通過《刑事訴訟法》鑑定部分條文修正草案，其中最大變革就是「測謊之結果不得作為認定犯罪事實存否之證據」，明示測謊結果不得作為證據。但行政院並不認同這點，甚至罕見加注「宜由法院於實務個案中認定逐步發展形成見解」，未來修正條文在立院審查時，勢必引發相關院級和部會的遊說與角力。

3 驗傷(處女膜)的迷思

一般對性侵害的想像是這樣的：加害人殘虐施暴，被害人極力反抗卻無法逃脫，事後滿身是傷地去報案。為什麼有這樣的想像？因為我們相信被害人一定會抵抗，一定會受傷，而傷勢是檢驗得出來的，只要憑著驗傷診斷書，就可以找出壞人，將他繩之以法。

如果被害人因恐懼而屈從，不敢極力抵抗，沒有明顯傷勢，或因遲疑沒有立刻報案，事隔多日(月或年)才驗出處女膜破裂，能證明什麼嗎？如果下體驗出有傷，診斷書也具體描繪出傷痕位置(陰唇繫帶、陰道口、小陰唇……)、形態(擦傷、撕裂傷、瘀血、紅腫……)及嚴重程度，就能證明被性侵嗎？

學者張瑋心的研究指出，法院經常透過處女膜的檢驗報告，作為兒童是否遭受性侵害的重要證據，[11]法務部委託林志潔教授主持的研究亦顯示類似結果。[12]問題是，「處女膜破裂」的意義是什麼？它是否可以作為性侵害的主要證據？

11《美國兒少性侵案件實務審判研究》，張瑋心，元照，二〇一七。

12〈性侵害案件無罪原因分析之研究——以強制性交案件為中心〉，林志潔、吳耀宗、金孟華、劉芳伶、王士帆，法務部委託之專題研究成果報告，二〇一七。

在釐清這些問題之前，先來看一則判例。[13]

女童A說從小學六年級起，媽媽男友會撫摸她的下體，或用手指插入她的陰道，後來更直接以陰莖插入她的陰道。兩年之後她告訴輔導老師，事情才曝了光。

起初士林地方法院認為，A女處女膜完整，可能是被告手指或陰莖插入時間過短，不夠深入，或是手指過於纖細，才沒有造成破裂，判處被告有罪，高等法院亦持同樣見解。最高法院九十八年度臺上自第五四七〇號判決卻認為：「上訴人對A女性侵害『至少十次以上』，非僅猥褻，則A女處女膜仍保持完整而未被破裂，似非常態……推論A女有遭上訴人性侵害，所為判斷，難謂與論理法則無違。」換言之，最高法院認為因A女處女膜完整，很難作為性侵的證據。

更一審以《刑法》對性交的定義只需要「以性器進入他人之器官」，並不以處女膜完整與否作為認定依據，判處被告有罪。被告不服上訴，最高法院以「A女論述有瑕疵仍須補強證據」撤銷發回。更二審再次引用士林地院「侵入時間過短或不夠深入」的說法，認為性侵是否會造成處女膜破裂，必須考量被害人年齡。最高法院質疑被告「正值壯年，擁有豐富性經驗，是否可能前後多次均無故未以手指或性器官深入A女之性器官？仍饒有研求之必要」，再次撤銷發回判決。更三審法院改判無罪，表示性侵之後處女膜仍完整的機率極低，且A女說法有可疑之處，「基於犯罪事實應依嚴格證據認定的情形下，能否以A女處女膜完整，即認被告有為此強制性交之犯行，實堪置疑。」

從這起案例判決可以發現，歷任法院對「處女膜破裂」可否作為性侵證據，各自有不同的見解：

法院	判決	理由（關於處女膜的部分）
士林地方法院	有罪	雖女童處女膜完整，但可能是被告手指或陰莖插入時間過短，不夠深入，或手指過於纖細所致。
高等法院	有罪	同前。
最高法院	撤銷發回	女童處女膜仍保持完整而未被破裂，似非常態……推論A女有遭上訴人性侵害，所為判斷，難謂與論理法則無違。
更一審	有罪	性交不以處女膜完整與否作為認定依據。
最高法院	撤銷發回	未述及處女膜問題，僅強調女童論述有瑕疵，須有補強證據。
更二審	有罪	同意原審「侵入時間過短或不夠深入」的說法，認為性侵是否會造成處女膜破裂，必須考量被害人的年齡。

13 案例出自注12。

法院	判決	理由（關於處女膜的部分）
最高法院	撤銷發回	質疑被告「正值壯年，擁有豐富性經驗，是否可能前後多次均無故未以手指或性器官深入A女之性器官」。
更三審	無罪	性侵後處女膜仍完整機率極低，且女童說法有可疑之處。

A女有沒有被性侵？如果有的話，是誰做的？案子在各級法院來來回回爭執多年，可見即使有驗傷診斷書，法院要判斷真相，仍有相當難度。

再以另一對十多歲的姊妹B1與B2性侵害案件為例。[14]她們兩人均稱被父親性侵，也都被驗出處女膜破裂。姊姊B1說她從十歲起就被性侵，直到十六歲結婚後才被發現，妹妹B2則是國中時被發現父親對她下手。然而法院對於兩姊妹的指控，卻產生不同見解。

起初桃園地方法院認為，兩姊妹處女膜均有破裂，但未婚的妹妹B2無法確定是否跟其他人有過性關係，「故無法率認前開驗傷結果必與被告有所關連，即難以此遽為有利或不利於被告之認定。」案子一路上訴到最高法院，在第一次撤銷發回的判決中，未對處女膜破裂一事表達意見，到了更一審則指出：「B1於驗傷前，因已結婚而有與他人有性行為，是自難遽認上開驗傷診斷結果係證人B1指被告對其性交所導致……B2並未與任何人有過性經驗乙節，亦據證人即被害人B2於原審供明在卷，是上開B2處女膜之陳舊性撕裂傷係因被告以陰莖插入其陰道所致，亦與一般以陰莖插入陰道，將造成處女膜撕裂傷之常情相符」，認為B1是否被父親性侵難以判斷，但B2被父親性侵應屬事實。被告不服，認為驗傷時間距離他被控性侵B2已經三年，不能作為補強證據，最高法院以「相距固有三年多，然卷內並無被害人B2與遭他人為強制性侵害之相關證據資料」，駁回上訴。

這對姊妹的案子最值得討論的地方，在於更一審認為B1與B2處女膜均有陳舊性撕裂傷，卻只認定未婚的B2被性侵，就連最高法院也有類似見解，可見法界對處女膜的理解不是沒有問題。

國內、外已有諸多醫學報告指出，性交或性侵未必會造成處女膜破裂出血，有些女性處女膜韌性大，伸展性強，如果開孔大或是陰莖小，就算性交多次，甚至懷孕生子，處女膜仍可能是完整的。另外，劇烈運動、挫傷、手指或其他異物進入陰道，就算沒有性經驗，也可能造成處女膜撕裂傷或紅腫出血。

14 案例出自注12。

除此之外，驗傷診斷書只能描述傷痕及形態，並無法確認造成傷勢的原因：

> 大部分從事性侵採證的醫師，都欠缺分辨女童性器官正常與不正常的解剖構造知識；根據英國一項針對婦產科醫師的調查顯示，超過半數以上的醫師無法清楚描述正常的兒童處女膜，因此導致女童受到性侵害的事實有時無法被呈現。此外，早期認為受到性侵害的女童處女膜直徑會比沒有遭受性侵害女童處女膜直徑來得大，可以作為證據，可是，隨著每個女生的體型不同，直徑丈量會有很多重疊的灰色地帶，所以無法作為生殖器是否被插入的診斷標準。至於檢查處女膜被插入的證據包括五到七點鐘方向的處女膜裂痕、處女膜下方凹口或是橫裂；此處須留意的是，處女膜也可能完全癒合，或以V字凹痕癒合，而V字凹痕通常出現在處女膜的下半部三點鐘至九點鐘的方向。[15]

有研究針對二〇五名平均五點四歲、確定遭受性侵害的兒童進行檢查，其中一一〇名（五四%）兒童的生殖器官檢查正常，九十五名（四六%）有明顯遭受性侵害的痕跡，特別是手指插入的性交，有高比例顯示被害兒童的處女膜正常，這表示性器官插入未必會造成明顯的撕裂傷。[16]也有研究讓數位醫師透過肉眼判斷多位女性的處女膜是否受傷，結果部分被醫師認為有撕裂傷的女性，根本就沒有過任何性經驗。[17]

性侵害是屬於強制性行為，除了暴力脅迫之外，言語的威脅恐嚇也包括在內，《刑法》早已刪除「致使不能抗拒」的法律要件，改以「其他違反被害人意願之方法」。不過證諸許多判例，法院仍以陰道紅腫或處女膜撕裂傷，認定被害人是被迫發生性行為，因為「強制性交與合意性交的傷口是不一樣的」。另外，如果被害人延遲通報，傷口一旦癒合之後無法推估受傷時間，以驗傷作為性侵證據，不是百分之百可靠。

照理說，驗傷診斷是鑑定單位根據專業進行判斷，不應加入個人主觀看法，但冤獄平反協會正在進行救援的古〇〇案，卻出現令人不解的鑑定結果。

古〇〇的繼女經常翹家，交友關係並不單純，但她矢口否認自己有性經驗。直到老師說要帶她去醫院檢查，她才表示繼父古男分別在她小學一年級、四年級及六年級時，曾以陰莖插入她的陰道，事後醫院亦證實她「處女膜不完整」。

什麼是「處女膜不完整」？該如何解釋？檢察官發函詢問負責檢驗的醫院：「診斷證

15〈兒童性侵害評估〉，李建璋，《臺灣醫界》第五十四期第五號，頁一二至一三，二〇一一。

16 同注11。

17「性侵冤案的救援困境」，冤獄平反協會「圓桌論壇」蔡可欣醫師的發言，二〇二〇年九月十八日，https://twinnocenceproject.org/【圓桌論壇】性侵冤案的救援困境/。

明書中所示A女處女膜不完整，是指A女曾發生過性交行為嗎？抑或未曾發生過性行為亦會產生處女膜不完整之情況？」院方回函表示：「處女膜不完整，就是曾發生過性交行為。」院方的說明，加上被害人指證歷歷，除了一審以「被害人供詞不一」判處古男無罪，二審與三審均認定有性侵害事實，就算事後繼女多次翻供，表示沒這回事，古男仍被判處有罪。

事實上，「處女膜完整」並不是醫學名詞，認為「處女膜不完整」即代表有性經驗，更是違反事實與經驗的看法。法院基於尊重專業，對驗傷診斷書的結論鮮少質疑，常以處女膜破裂作為判斷是否被性侵的證據，自然有其風險：

我國法院仍多仰賴處女膜有無破裂的檢驗作為輔佐，但使用此種證據卻是一種靠運氣的嘗試，倘若處女膜有破裂，法院即可堂而皇之地做出有罪判決的認定，倘若處女膜未破裂，即便有罪心證的法院也須絞盡腦汁地說明。而對於性侵害案件的被害人呢？假設真有性侵害犯罪的事實，看到法院爭執自己的處女膜有無破裂，她們會做何感想呢？為什麼我的處女膜會復原？為什麼我當初不再多積極掙扎些，好讓被告的手指、性器或使用的插入物可以造成更大的損害呢？[18]

性行為或性侵害不一定會造成處女膜破裂，處女膜破裂也不一定是性行為或性侵害造成的（就算是合意的性行為，也可能導致處女膜破裂），不能一概而論。驗傷診斷的證明力，是個橫跨醫療照護、鑑識科學和刑事司法的議題，它除了說明當事人的傷勢之外，並無法證明誰是加害人，也很難證實是否發生過什麼。

這就是科學證據的局限，它就是辦不到。

4 創傷後壓力症候群（PTSD）的鑑定

創傷後壓力症候群（Post-traumatic stress disorder，PTSD）是指在經歷創傷，例如性侵害、戰爭、天災或交通事故之後產生的精神狀態，包括精神不穩、麻木、恐慌、心跳加速、呼吸困難、失眠、失憶等。這樣的精神狀態未必持續出現，可能時有時無，前一分鐘還好好的，後一分鐘腦中閃過創傷發生的情境，整個人便突然陷入恐慌狀態。

性侵被害人被精神科醫師或心理諮商師鑑定出有PTSD相關症狀，常被拿來作為法庭的補強證據。不過造成PTSD的原因是什麼？是否有PTSD就代表被性侵？是

18 同注11。

否可從PTSD回推當事人經歷了什麼？

張至柔的《性侵害常見有罪認定證據構造之檢討——以被害人指述、驗傷診斷書與PTSD為中心》[19]一文，針對十九件性侵害案件的有罪認定證據構造進行分析，發現法院除了常以PTSD鑑定報告判斷被害人證詞的可信度，還會以此推論PTSD與性侵害是否相關。該文指出，PTSD的診斷本來就是以「存在創傷事件」為前提，法院囑託進行PTSD診斷，就是想證明精神創傷與創傷事件的關係，如果診斷證明書證實當事人有PTSD，法院通常會採信這項證據。

例如陳〇〇性侵害案件，就是有了PTSD鑑定報告，從無罪轉為有罪的例子。陳〇〇被控對未滿十六歲的朋友女兒C性侵，理由包括C女的說法、處女膜有陳舊性撕裂傷、以及陳男沒有通過測謊鑑定等。雖然檢方提出這些證據，一審法院仍判處陳男無罪，理由是C女證詞前後矛盾，事後反應違背常理，尤其關鍵的是C女聲稱被害，卻長達一年未向外求救，直到與陳男發生衝突次日便聲稱被性侵，「可見動機可疑，無法排除是基於挾怨報復而設詞誣陷之可能。」

到了二審，法院囑託醫療單位替C女進行精神鑑定，想知道她是否有PTSD，並要求鑑定PTSD是否與性侵害有關。醫療單位的鑑定結果是：

綜合過去之生活史、疾病史、心理測驗結果及精神狀態檢查結果及精神狀態檢查，其診斷為創傷後壓力疾患。C女曾經直接地經歷創傷事件，在事件當時覺得驚恐和無助，逃避與此創傷有關的刺激，持續有驚醒度增加的症狀，應已符合創傷後壓力疾患診斷標準。而上述症狀於本次案件後開始出現，過去未曾出現，且近期無其他重大壓力或創傷事件，應係此性侵事件導致創傷後壓力疾患之症狀。故本院認定其應係性侵事件而有創傷症候群之情況。

C女通過了測謊，又有PTSD鑑定報告，二審以強制性交罪判處陳男六年四個月徒刑。陳男不服上訴，被最高法院駁回。[20]

醫學鑑定是否可以判斷PTSD的成因？根據《精神疾病診斷及統計手冊》第四版列出來的條件，包括經歷創傷、與創傷事件相關的侵入性回憶或夢境、持續迴避與創傷事件相關的刺激源，對於創傷事件相關的認知與情緒的負面改變、前述症狀持續一個月

19《性侵害常見有罪認定證據構造之檢討——以被害人指述、驗傷診斷書與PTSD為中心》，張至柔，臺灣大學法律學院科際整合法律學研究所碩士論文，二〇一八。

20 陳案資料見〈創傷後壓力症候群之成因鑑定〉，劉佩瑋，《面向自由：臺灣冤獄平反協會年度論壇手冊》，頁九一至九八，二〇一八。

以上，由此看來，以PTSD判斷被害人是否經歷重大創傷，必須高度仰賴當事人的主觀陳述。法院要求鑑定PTSD的目的，就是為了釐清被害人說的是否屬實，如果又以PTSD診斷用來證明被害人所說無誤，這樣的做法是否值得商榷？

臺灣高等法院高雄分院一〇三年度侵上訴字第九三號刑事判決，以屏東醫院出具的鑑定報告認定被告有罪，判決中寫道：「個案目前情緒方面經常感到害怕、不安、憤怒……行為方面，害怕獨自一人在家，不敢單獨外出，對陌生異性接近特別警覺……目前情緒及精神狀態已稍有平復，但對於與性侵害相關事件，仍有明顯因該被性侵害事件而引起的創傷後症候群……此份鑑定報告亦足資為個案陳述憑信性之補強證據，而為不利於被告之認定……」，其中「明顯因該被性侵害事件而引起的創傷後症候群」這段文字，顯然是認為當事人的PTSD，就是性侵害造成的，至於認定的原因是什麼？我們不得而知。

的確，許多被害人都有PTSD，然而要如何確認被害人的PTSD來自於性侵害？確實是個難題。發展出PTSD是個複雜的心理過程，有時會產生PTSD未必是性侵害，也可能是家屬或旁人的反應使得PTSD複雜化，也可能是家暴或受虐，原因不一而足。至於鑑定單位是否可以判斷PTSD的成因？冤獄平反協會曾發函詢問衛福部，得到的回覆是：「有關醫學專業得否判斷創傷後壓力症候群患者所經歷之創傷事件乙節，查精神科專科醫師得透過心理衡鑑、專業談話等方式，進行診斷與評估。惟不同創傷事件，如重大火災、地震、戰爭、性侵等，均可能為致病原因……單以症狀或診斷，推估個案是否經歷某種創傷事件，尚有不宜。」顯然衛福部的態度是有所保留。

另外，以PTSD作為證據，是假設被害人會出現悲傷、恐懼、哭泣、逃避等情緒反應。可是每個人都不同，反應也可能兩樣，如果被害人事後陳述被害經過時一逕冷靜，並沒有典型被害人的反應，反而常被質疑是誣告，也降低了證詞可信度。科學證據的一刀兩刃性，就在這裡。

最高法院一〇七臺上八八八七號判決：「妨害性自主罪之被害人，殊無可能有典型之事後情緒反應及標準之回應流程，被害人與加害者間之關係、當時所處之情境、被害人之個性、被害人被性侵害之感受及被他人知悉性侵害情事後之處境等因素，均會影響被害人遭性侵害後之反應，所謂理想的被害人形象，僅存在於父權體制之想像中。」足見目前法界業已注意到以PTSD作為補強證據的限制了。

PTSD不是毫無證據能力，它當然可以協助評估事實有無，但它不該、也無法作為唯一的證據，畢竟法庭上的要求與臨床醫學的判斷，仍然是有差距的。

不論是DNA、測謊、驗傷或PTSD鑑定，都是透過專業知識及科學儀器的鑑識，協助法院釐清真相。然而現行司法系統並未針對科學證據的評價建立一致標準，導致法庭使用科學證據沒有一套可以遵循的規範，只能針對鑑定人的學、經歷進行審查，至於鑑定人使用的方法、過程與鑑定結果，沒有太多置喙的餘地。如果法院僅著重科學證據的信度與效度，卻忽略了科學本質的有限，未能審慎與其他證據互相參照，不是沒有可能增加判決錯誤的潛在風險。正如金孟華教授所言：

> 刑事案件中，犯罪事實的證明是極其困難的，而科學證據是證明犯罪的有力工具，因此可以預見的是，未來在刑事審判中，科學證據的使用必然會愈來愈頻繁，推陳出新。法律人應該對科學證據抱持著懷疑與戒慎恐懼的態度，從歷史中記取教訓，提醒自己在不久以前，人們甚至還使用一個人的長相、骨骼判斷犯罪的可能性。現在被認為可信度不足的諸多（偽）科學證據，在過去也曾經一度被認為是可信度高的優質證據；而現在被普遍認為可信的科學證據，或許有一天也會被推翻或修正。
>
> 隨著科學不斷進步，這個問題將會在未來持續纏繞著刑事審判程序，法律人能做的是，承認科學證據的局限性、建立科學證據的評價標準、嘗試理解科學證據背後的原理，以及在國內外曾經遭受到什麼樣的批評，繼而給予正確的評價。而就算科學證據本身是可信的，也應該進一步確認依據科學證據所做出的結論是否正確。最後，如果是因為科學的進步而對證據產生不同的詮釋，法律人也應該勇於認錯、填

補損害，將科學的進步性這項特質導入司法程序中，成為司法進步的動力。[21]

所有證據的解讀都具有相對性，法官能夠做的，是在程序上盡量減少錯誤發生的機會，而不是對於鑑定結果照單全收。能夠科學對決固然很好，過度依賴科學證據的價值，忽略了科學有不斷進步與變動的特質，以及鑑定可能帶有專家主觀的判斷，便可能造成錯誤的解讀與判決。

法律有其限制，科學也是。

21〈當刑事司法與科學相遇　證據不等於真相〉，金孟華，《ETtoday》，二〇一八年五月二十八日，https://www.ettoday.net/news/20180528/1178608.htm。

八、那些不被傾聽的

1 謊報與認錯

性侵被害人，大概是所有刑案被害人之中，最容易被汙名化的一群人了。人們對性的禁忌與避諱，讓他們難以公然現身控訴不義，若是決定挺身而出，更可能面對各式各樣的惡意，懷疑他們是事後反悔？還是挾怨報復？發生這樣的事，是不是自己也該負責？

性侵害是種複雜的苦難，被害人無法以有限語言表達痛苦，有時就連事發過程都無法說得清楚，因此常被質疑他們的控訴缺乏根據。就像是得到了失語症，明明痛苦的感覺是那麼真實，卻難以具體描述，不知如何讓人瞭解那樣的感受，這樣的話時常脫口而出：「為什麼你都不懂我說的？」「為什麼怎麼跟你解釋，你都不瞭解？」

曾有被害人告訴我，她報案進入司法程序之後，總覺得很難與人溝通，因為無論她說了什麼，所有的執法者，就連她的律師好像都聽不懂，而對方使用的專業語彙，她也難以理解。明明是在討論與自己息息相關的事，她既無法清楚說明，又無法理解對方說什麼，這讓她感到挫折極了。

這讓我想到《謊報：一樁性侵案謊言背後的真相》[1]（改編成Netflix影集《難，置信》）所描述的一起真實事件。

十八歲的瑪莉向警方報案，說她被陌生人性侵了，對方用鞋帶綑綁她雙手，事後要她沖澡二十分鐘，沒有留下任何證據。過了一陣子，瑪莉突然改口說，沒有，我沒有被性侵，成為眾所唾棄的說謊者。這是怎麼回事？

年紀輕輕的瑪莉已經換過二十個寄養家庭了。她七歲遭到侵害，八歲接受憂鬱症治療，顛沛流離已是生活常態。事發之後她到警局報案，警察問她，你是先鬆綁脫困？還是先打電話求救？她一下說這樣，一下說那樣，反反覆覆，陳述混亂，不太能拼湊出先後順序，就連犯人眼睛與衣服顏色也說不清楚。養母佩姬發現瑪莉沒有情緒崩潰，照樣與朋友嘻哈笑鬧，認定她是為了引人注意才故意說謊，主動告知警方這樣的疑慮；加上驗傷報告裡描述瑪莉「清醒、有條理，沒有表現出負面情緒」（其實她是把害怕、不知所措深藏在心裡），以及她前後不一的證詞，警察懷疑這一切都是她自導自演的騙局。

懷疑一旦蔓延，便一發不可收拾。警察要求瑪莉進行測謊，還威脅她說，如果測謊失敗，要把她關起來，讓她沒錢、沒地方住。瑪莉本來就怕警察，這大概是所有社會邊緣人都有的心情吧，於是恐懼的她翻供說，根本沒這回事。她只是想逃離這個既陌生、又不友善的審訊環境。

沒想到，更糟的在後頭。她收到市政府控訴她誣告的傳票，媒體包圍她進行公審，朋友架設網站暴露她的個資，社工要求她向大家道歉……每個人都鄙視她，沒人想與她扯上關係。唯一相信她的，是一個同樣被性侵過的女孩，但她不敢公開挺瑪莉，她怕別人像排擠瑪莉一樣排擠她。

為什麼瑪莉要說謊？她知道自己家庭破碎，身無分文，全靠社福系統支持勉強度日，這樣的人，在司法之前是沒有公信力的。原先她說了真話，卻不斷被扭曲，沒人相信；既然說真話已然無用，她決定用說謊來逃避。這是很典型的被害人反應：只要感受不被信任，就會說出與事實不符的情節，這是有意識的噤聲，無意識的說謊。如果不瞭解這種常見於被害人的心理狀態，自然會對他們前後不一的說詞感到納悶，甚至以為他們是刻意說謊。

1《謊報》，T．克利斯汀．米勒、肯．阿姆斯壯著，楊佳蓉譯，馬可孛羅，二〇一九。

三年之後，警方終於找到傷害瑪莉的犯人，承認他們當時應該相信她，註銷了她誣告的前科。警察局長公開表示將加強警察「被害人中心的調查哲學」訓練，強調發生這樣的事，他們責無旁貸。

性侵害案因證據難尋，真假難辨，很容易讓人心生懷疑，過度小心對待被害人的說法。有被害人及倡議團體主張，警察應把「信任」當成第一要務，不該凡事都從「懷疑」出發。然而偵破瑪莉一案的刑警蓋博瑞斯卻有不同想法，她以為傾聽與求證同樣重要，她說：**「很多人都說，要相信你的被害人，但我不認為這是正確的立場。我想重點是傾聽你的被害人，接著依照調查結果採信或駁回。」**

瑪莉的經歷不是關於被害人有沒有說實話，而是誰的故事能被聽見，關於司法體系的性別偏見、性侵迷思如何影響調查與判決的案例。我們從一九九五年國際警察首長協會（International Association of Chiefs of Police）提出的辦案守則便看得出來：

> 基本上，正當的強暴受害者的行為與外表不會讓人質疑發生在他們身上的罪行。在那樣的狀況下，被害人會極度激動、情緒痛苦，往往會陷入歇斯底里，身上可能有外傷、創口、瘀血。被害人的衣物通常會被撕破或是扯掉，顯示遭受強力逼迫。如果案發現場在戶外，被害人大多會被壓在地上，外衣沾上塵土汙垢。如果缺乏以

上徵象，或是僅具備少數徵象，可以合理質疑強暴控訴的有效性。[2]

如此充滿偏見的結論，多麼駭人！

被害人被迫說謊，情況已經夠慘的了。若是被指控的「加害人」是被冤枉的，情況就更複雜了。

確認性侵冤案與確認性侵案一樣，都必須仔細蒐證，找出足以說服法院的理由，但前者更必須顧及社會觀感，不能違反大眾同情心，否則常遭「被害人已經這麼可憐了，你們怎麼可以替加害人說話？」「如果你沒做，為什麼人家要咬你？」的質疑。儘管性侵冤案確實存在，國內、外亦不乏相關案例，人們仍很容易因同情而相信（看似可信、完美的）被害人的說法，認為他們說的版本才是真的。

就像《認錯：性侵受害人與被冤者的告白》[3]記錄的一起冤案。

一九八四年的某個夏夜，二十二歲的珍妮佛在自家床上熟睡時，遭到陌生黑人男子

2 同注1，頁九五。

3《認錯》，珍妮佛·湯姆森、羅納德·卡頓、艾琳·托尼歐著，蔡惟方、蔡惟安譯，游擊文化，二〇一九。

性侵。警察將六張嫌疑犯的照片排在珍妮佛面前，要她指認：

許多警探站在我身後。一切好像一場代價很高的賭注，使我坐立難安。我的腎上腺素激增，心跳急速飆升。我猜測他們已經掌握到嫌犯的身分了，不然怎麼會讓我大老遠開車到這裡？我只需要把他挑出來就好。如果我挑不出來，他是不是就無法落網？他會找到我嗎？我不很確定地挑出一張照片……

「對，就是他，」我指著照片說，「我覺得是他。」

「你『覺得』是他？」蘇利問，

「就是他。」我澄清。

「你確定？」高登問。

「確定。」

他們請我在照片背後標注日期並簽名，他們也簽了名。

「我表現得還可以嗎？」

蘇利與高登警探互看了一眼，我忽然感到一陣解脫。

「湯姆森小姐，你做得很好。」[4]

過了幾天，珍妮佛到警局進行列隊指認。七名黑人男子靠牆站成一排，他們與珍妮佛之間，只有一張會議室的桌子，珍妮佛看得到他們，他們也看得見她。珍妮佛不想昏過去，內心的恐懼令她作嘔。她挑出其中一個人，羅納德·卡頓，就是她從照片堆裡挑出的那個人。她告訴自己，就是他了，她心中已有定見，就很難收回了。

羅納德被判處終身監禁，外加五十年有期徒刑。可是整件案子找不到任何物證，沒有指紋，沒有留下來的衣物，什麼都沒有，只有珍妮佛的指認。羅納德的律師認為珍妮佛壓力太大，無法正確辨識加害人。這讓珍妮佛憤怒極了，她當然很清楚壓在身上的男人是誰，她知道自己看到了什麼，她怎麼可能忘記那張猙獰的臉？

指認結束了，犯人捉到了，珍妮佛的生活卻沒有恢復常軌。沒有人跟她談發生了什麼事，彷彿那是個禁忌的話題，即使她在陌生的警察、法官面前一次又一次重述所有細節，讓她覺得既羞辱、又噁心。媽媽問她：「會不會有人在貴婦水療中心，看見妳穿緊身韻律衣？」男友質疑她：「你為什麼不反抗？」、「你是不是很享受？」

羅納德日子當然也不好過。他是無辜的，他以為上帝知道，他知道，珍妮佛也應該知道，為什麼她卻緊咬他不放？他寧可死在牢中，也無法承認自己是性侵犯，可是囚犯

4 同注3，頁五六至五七。

宣稱無辜十分常見，也很難證明，沒有人相信他。

我偷瞄了珍妮佛．湯姆森幾眼，內心想著：為什麼？為什麼你要這樣對我？她只是充滿恨意地回望著我，她朝我翻白眼。而陪審員、地區檢察官、警察，所有人都看著我，像是他們恨不得對我吐口水或把我踩在地上。因此我以充滿防備的眼神回應他們，我在多年以前面對執法人員時學會了這個眼神。即使如此，他們還是可以對我隨意做任何事、說任何話。我知道自己已無力回天，但我不知道情況到底有多糟。

……法官宣判時我站在那裡，他說我是他看過最危險的人，地區檢察官說我是「對社會的威脅」。我幾乎沒辦法望向任何人，但我瞥見當天出庭的媽媽和姊妹，她們看起來極度震驚，就好像有人剛甩了她們一耳光……這是一場我無法醒來的惡夢。[5]

入監是惡夢的開始，強凌弱，眾暴寡，這是監獄的日常。羅納德深知一味忍讓不會讓日子更好過，只會成為其他囚犯霸凌的對象，為了生存，他不主動出手，但會奮力反擊，至少，他要打到不讓別人侵犯自己。他說他是冤枉的，沒有人認真看待，直到某位獄友告訴他，有名叫普爾的犯人承認珍妮佛的案子是他做的，羅納德立刻寫信給律師要求重審，卻沒有得到回音。

羅納德覺得像是條被人拋棄在陰溝裡的狗，沒人在乎他的死活。他偷了刀子想殺死普爾，前來探監的父親勸他：「你告訴我，你是無辜的，我相信你。然而，要是你殺了這個人，你就永遠回不了家，一輩子屬於這個地方了。」這時羅納德才意識到，他無法控制自己的生活，卻可以控制自己的怒氣，他丟掉了刀子，放棄了復仇，他不想為普爾浪費生命。

然後，機會來了。一九九四年，O・J・辛普森案讓DNA鑑定技術廣為人知，羅納德再度請律師協助聲請DNA鑑定，最後證實犯人正是普爾，一名與羅納德年齡、身高、外貌均極為相似的黑人男子。這時羅納德已坐了十一年的冤獄。

珍妮佛陷入自責與悔恨交織的深淵。她不明白，那時房間昏暗，她仍看得很清楚，她逼自己用眼睛好好記下細節，端詳對方的臉，眼，鼻，嘴，記住他所有特徵，並在相片與列隊指認中指出了犯人。那個在惡夢中反覆浮現的臉孔，就是羅納德啊！她怎麼可能弄錯？她無法接受自己從被害人變成了加害人，更不知道自己錯在哪裡。

---

5 同注3，頁一一九至一二〇。

如果連一個與犯人面對面的被害人都可能指認錯誤，那其他案件又是如何呢？追索這個答案的過程，有如剝洋蔥般，每剝一層卻愈辛辣，也距離核心愈靠近一步。

在沒有DNA鑑定技術的時代，性侵害案件要成案或破案，主要靠的是被害人的供述與指認。問題是珍妮佛的記憶是否可靠？她在高度壓力下是否可能指認錯誤？指認過程是否受到暗示？司法程序是否中立？

首先，羅納德與巴比．普爾兩人實在是長得太像了。珍妮佛努力記住加害人的模樣，然而記憶是變動且脆弱的，終究不像照片，隨時抽存讀取都準確無誤；何況她是高度恐懼之下留下的印象，當然有可能弄錯。

其次，原先珍妮佛在指認時不那麼確定，等她做完真人列隊指認，警察主動說：「我們認為有可能是那個人，妳先前選中的就是他的照片，」讓珍妮佛如釋重負，證明自己記憶無誤。事實上，羅納德是唯一連續出現在照片及列隊指認中的人，顯然影響了珍妮佛的指認。

再者，法官允許整個陪審團成員都是白人。這樣的組成是否可能因種族偏見而構成判決偏誤？當然不無可能。

記憶是可形塑的，隨時會受到外在影響而改變，當事人未必知道記憶是什麼時候改變，又是受到什麼影響而改變。警察通知珍妮佛到警局進行指認一事，已具有強烈的暗示性，那就是「警察已經捉到犯人了」，讓珍妮佛以為非得從中挑出一個人不可。事後警察告訴她「你做得很好」、「其他被害人的表現沒有你這麼好」，更讓她相信她的判斷，以至於三年之後她在法庭見到普爾，仍深信羅納德才是真正的犯人。

她以為自己不會認錯，但終究還是錯了。

正義並不完美，有時正義來臨時還特別殘酷。

珍妮佛鼓起勇氣，當面告訴羅納德說，她願意用盡剩下的生命來告訴他，她有多抱歉，也沒辦法表達她真正感覺的萬分之一。羅納德說：「我原諒你，我並不生你的氣。我不要你剩下的人生都戰戰兢兢地擔心我可能會來找你麻煩，或傷害你的家人，若你四處張望，我一定不會在那裡伺機而動，我想要的只是我們都能繼續往前，擁有快樂的人生。」

珍妮佛與羅納德四處演講，倡議冤獄平反與司法改革，他們想追索正義的對象不只是個人，而是造成冤獄的制度與系統。二〇一五年春天，珍妮佛發起修復正義計畫（Healing Justice Project），致力於刑事司法制度的改革，並宣說冤案對人們造成的影響。他們兩個人都自由了，真真正正的自由了。

羅納德的故事不是偶然，也不是意外，而是人類不完美的記憶、以及不完美的司法制度造成的結果。羅納德是幸運的，若不是他主動要求鑑定DNA，珍妮佛也願意配合採集新的血液樣本，事情不可能水落石出。那麼，其他遭遇司法災難的被告呢？他們面對的是什麼樣的處境？他們吞下了司法錯誤造成什麼樣的苦果？外界又該如何幫助他們修補業已失去的一切？

2 痛苦的單向性

我一直以為自己不可能跟冤案有任何關連，直到意外接觸到許倍銘案，一切都變得有所不同。

那時決定撰寫《無罪的罪人》，純粹是認為案件有太多疑問，太少證明，違反我對司法判決的基本認識。任何受訪者說的可能是真的，也可能是假的，可能充滿了偏見，也可能充斥著謊言，左思右想，我決定將書寫主軸放在卷證，瞭解法官以什麼人證與物證作為判決基礎，我就專注於進行資料爬梳，同時輔以相關背景人物的訪問，盡量不帶太多情緒地把事件原委寫出來。每天早上九點半到下午四點左右，是我坐在書桌前寫作的時光，當然也包括閱讀卷宗與調查報告（「法律麻瓜」的我閱讀速度異常緩慢，光是讀完這批卷證就花了快三個月），有時也讀讀跟法律或冤案相關的書籍，如此大約一年左右。

我從沒想過最後作品會是什麼模樣，只想老老實實記述一樁（我認為的）冤案。《無罪的罪人》出版後有人告訴我，這不是一部冤案紀錄，而是在講人在命運面前的卑微與反抗，我覺得好像被看穿了什麼，驚訝地說不出話來。繼而想想，我那麼想把許倍銘案寫出來，或許不全是案情本身的荒謬突梯，而是許倍銘深沉的冤屈觸動了我。他寫過一段文字是這樣的：

> 曾經，我是那麼地相信這個體制，只要我努力，我可以在體制內努力得到我所要的。在工作上，我戰戰兢兢不敢有絲毫懈怠，更努力在本分完成之餘力求表現，我想讓我的努力被看見，我更想要讓我的家人以我為榮。
>
> 我相信，我有能力讓這個社會因為我而更美好。
>
> 一句莫名其妙的指控將我推落萬丈深淵。當時，天真的我竟還以為只要遵循體制的流程走，很快就可以還我清白，沒想到卻是惡夢的開始。
>
> 當我看到代表體制的調查委員早已預設立場。
>
> 當我看到代表體制的調查委員竟然自己用毛巾蒙眼睛，表演給小朋友看，意圖讓小朋友配合演出。
>
> 當我看到代表體制的調查委員竟然一再地用「是不是」的問題來問小朋友，並只

片面擷取他們想要的答案而忽視小朋友的其他反應。

當我看到代表體制的調查委員竟然連一個我所提出的證人都沒問過。當我看到周圍的大人竟然一人一小部分湊出了整個所謂的「案發經過」，然後再用上述手法讓小朋友配合演出。

當我看到代表體制的調查委員甚至連小朋友都沒見過，就斷言小朋友沒有混淆，確實有被性侵。一切的一切，讓我對這體制的信任完全崩解。

這都還只是有錄影的片段，或是有訴諸文字的會議紀錄。我不敢想像為了得到他們預設立場的答案，在沒有錄影或是私底下，他們做過哪些更過分的行為。

過去那麼長時間的兢兢業業，卻得不到一絲信任，他們寧可相信一個東拼西湊的指控，甚至還幫忙加油添醋，完全不在意毀掉一個恪守本分、循規蹈矩的人。

明明就沒做的事情，為何會被汙衊成這樣？

許倍銘說他是無罪的，一說再說，就是沒有人聽他的，他明明已經盡力了，法官連聽都不想聽，甚至覺得厭煩。他的痛苦就法律來說似乎毫無意義，聽或不聽，都無濟於事。制度就是這樣冷血，他試圖敲破體制的大門，始終沒有成功。

日子一天天都是煎熬，他的痛苦無法分享，更難以傳達，那是一種單向的痛苦。

為什麼痛苦是單向的？因為性侵冤案向來是不可說的，就像是房間裡的大象，明明存在的事實，人們選擇視而不見。當社會瀰漫著對性（侵）的恐懼，聽不到、也看不見加害人有可能是無辜的，他們向外求救的聲音，就這樣有意無意被忽略了。

被害人努力想讓真正的犯人繩之以法，執法者也認真想將真正的犯人逮捕到案，為什麼還是會出錯？因為人類的記憶原本就不可靠，傾向信任被害人的記憶與說法，若是被害人顯得愈自信，他們的說詞愈容易被採信。另外，調查者如果沒有受過完整訓練，不知如何正確詢問證人進行指認，或是用錯方法或程序，就算是基於善意，也可能降低被害人陳述與指認的正確性，珍妮佛與羅納德的故事，就是最好的例子。

那麼，該如何確認性侵害案件是不是真的？這類案件多半缺乏明確直接的證據，向來存在著相當比例的黑數，就算被告獲得不起訴處分或無罪判決，不代表被害人就是誣告，因為不起訴或是無罪，可能是證據不足，未必是被害人說謊。犯罪學家不斷嘗試找出謊報的性侵害案件有多少，但是難度很高，有英國警方驗傷官聲稱百分之九十的性侵指控都是假的，也有女性主義者如蘇珊・布朗米勒（Susan Brownmiller）堅持謊報案件只有二%，雙方各有所本，永遠是信者恆信，不信者恆不信。

曾有人批評我撰寫《無罪的罪人》是「傷害被害人，沒有替被害人著想」，對於這樣的質疑，我始終感到十分困惑。性侵冤案可分為兩種，一種是謊報或誣告，也就是什麼事都沒有發生，並沒有加害人的存在；一種是誤認，也就是確實發生了性侵，但加害人不是被指控的那個人。不論是哪一種，如果被告是冤枉的，他們當然也是被害人，承受的社會汙名與異樣眼光的情形，也絕不亞於遭受性暴力的被害人。既然如此，透過救援的過程釐清事實，還原真相，不是眾所期待的正義嗎？

法院的判決或可讓事件告一段落，並不代表當事人受到的傷害就會消失，被害人是如此，被冤枉的加害人也是例外，就像珍妮佛說的：「**在刑事司法制度失靈的時候，我們每個人都是被害人**」。

數年前，珍妮佛應邀來臺時說：

當被害人來找我，告訴我「無論證據如何，他們都相信入獄的那人有罪」的時候，我不能、也不該告訴他們，他們可能是錯的。……我的責任不是告訴一個已經被折磨數年甚至數十年的人，說他們的事實該是如何，這對他們來說不公平。所以我只會坐在那裡，陪著他們，以他們撐過苦痛為榮，檢視他們的傷痛。對警方而言，罪行發生會帶來巨大的破案壓力，被害人需要知道，傷害他或他家庭的人將被逮捕及受罰，社會大眾要求回復原有的安全感。所以警方必須快速行動。他們心中經常已經形塑嫌犯，並且會在不夠仔細的情況下倉促逮捕……警察、法官、律師，甚至社會大眾，都會服從某種已有動機的推論，無視證據指向其他方向，他們會說服自己：正義已經伸張。[6]

性侵害案件被害人除了林奕含之外，請不要忘了，還有被冤枉的羅納德、江國慶、陳龍綺、許倍銘……

被冤枉的心情是什麼？我只能猜想，應該像被困在無盡的隧道裡，有著強烈的憤怒與悲傷吧。冤獄平反協會第一位救援成功的性侵冤案當事人陳龍綺告訴過我，在他執行「司法不服從」，也就是逃亡那段時間，他以為平反無望，前途茫茫，憂鬱症、恐慌症紛紛上身，每天痛苦到想跳樓，若不是為了老婆女兒，根本活不下去。至今他仍清清楚楚記得，律師提交新的ＤＮＡ檢驗報告，證明他已被排除犯案的可能性，再審法官卻說：「ＤＮＡ是排除你了，但不代表你沒做喔！」「酒是你花錢買的，買酒給女孩子喝，一定是有企圖嘛！」事過境遷，想起法官那樣的說法，他依舊感到既羞辱，又憤怒。

6〈我們可以再次堅強，我們也將不再與以往一樣〉，犁客，閱讀最前線，二〇一九年九月十八日，https://news.readmoo.com/2019/09/18/interview-with-jennifer-thompson/。

後來結識為了自身清白奮戰三十年的蘇炳坤大哥，[7]近身見證了冤罪對人身心戕害有多麼深刻。蘇大哥的冤情已平反多年，然而被刑求的屈辱，被汙衊的痛苦，從來不曾隨著時間流逝而消失。蘇大哥總是不停地、不停地講述被冤的委屈，「莫名其妙，說我去搶劫，第一次來捉我，如果我有做就跑了啊，哪裡還會自己去幫警察開門？」「沒有做被關了幾年，你會甘願嗎？這股怨氣我到死都記得清清楚楚。」「司法沒有還我清白，我是冤枉的，講一千次一萬次都是一樣」……這樣的臺詞，我們已經聽到快倒背如流了，可是蘇大哥每次講起來總是悲憤莫名，情緒激昂，怎麼說他、勸他，都沒有用。所有的苦痛、恥辱與磨折，都卡在「冤」那個字上頭，生命從此停格，回不到從前，也看不到未來。

長年的羞辱與不平導致深不可測、亦無法碰觸的孤獨，如此幽微而不可捉摸的感受，即使是在善意的氣氛中，還是難以陳述，更無法探問。真正的孤獨不是沉默不語，而是儘管侃侃而談，你知道他活在另一個世界，而那個世界你永遠也走不進去，他也跨出不來。我想像蘇大哥這樣冤案當事人的心情，大抵都是如此吧。

就算罪名得到「平反」，不表示承受的不公就一筆勾消。幾次見到冤獄平反協會救援的當事人，他們對我總是親切，那樣的盛情與厚意，我充分感受到了。某次聚會，有家屬搬了張椅子坐我旁邊，沒有任何開場白的，立刻滔滔不絕談起全家人長年受到的委屈，那一道道不見容於世俗、長長的傷口的痛，不需要太多語言，只要坐在一旁便感受得到。我無法真正體會她的感受，除了以言語表達支持，我什麼也無法做。

冤案當事人最在意什麼？是賠償嗎？不是，而是渴望有個交代，給個說法。我問過龍綺，平反之後法官有表達過歉意嗎？他瞪大了眼睛，說，他得到的就是十秒鐘，無罪，就沒了，法官公開什麼都沒有說，私下又怎麼可能道歉？蘇炳坤大哥也有著同樣感慨，他經常問我們，司法還他清白了，可是那些刑求他的警察呢？那些判錯的檢察官與法官呢？他們是否為自己的錯誤感到懊悔？他們為什麼不道歉？

九〇年代日本足利市發生四歲女童性侵害命案，無業、獨居、蒐集A片、當過娃娃車司機的菅家利和完全符合外界對兒童性侵犯的想像特徵，受害女童衣物上沾附的體液DNA又與他的DNA一致，最後被判處無期徒刑。律師佐藤博史主動擔任他的辯護人，並以自白的疑點（菅家利和是遭到刑求逼供才簽下自白書）、不夠精確的DNA鑑定結果為由，向法院力爭重新鑑定DNA。二〇〇八年鑑定報告出爐，證實原審鑑定報告有誤。二〇一〇年，日本宇都宮地方法院宣告菅家利和無罪，並代表司法部門表示：「我們一直不傾聽真實的聲音，而剝奪了你十七年半的自由，真的是非常抱歉。」說罷，

7 詳見《被搶劫的人生：蘇炳坤從冤枉到無罪的三十年長路》，陳昭如，春山，二〇二一。

三位法官起立鞠躬道歉。[8]

任何人在不完美的司法系統中，無可避免會做出錯誤決定。一個案子判錯了，通常不是一個人的問題，而是一連串疏忽與錯誤造成的連鎖效應。然而讓人難以置信的未必是判決本身，而是人們面對冤案時的巨大沉默。冤案的發生，代表司法系統失靈了，環節鬆脫了，難道沒有人需要負責嗎？他們的作為像刀子一樣刺痛無辜的人，連一句「對不起，扎錯了」都沒有，就當作什麼都沒發生過嗎？

冤案當事人承受的不公不義，原來輕易可以被避免，這些人別的不給，簡簡單單一句對不起，總該有吧？遺憾的是，鮮少有人等到這樣的隻字片語，在臺灣。[9]

8 見《冤罪》，菅家利和、佐藤博史著，民間司改會譯，角川書店，二〇一三。

9 目前僅有蘇炳坤案再審成功時，周盈文審判長說「你的委屈及苦難會換來進一步的司法改革」；謝志宏案在刑事補償程序開庭時，聲請再審的林志峯檢察官亦曾當庭代表國家表達歉意。

九、有罪無罪，誰說了算？

1 法律守門員

人人對於法律的公正性自有一把尺，官司打贏了聲稱公平公道，官司打輸了疾呼司法已死，大家對司法正義的標準未必客觀，卻自認懂得是怎麼一回事。司法正義是什麼？只要把被告處以重刑，就什麼事都解決了嗎？對於執法者來說，他們又是怎麼想的？

「我知道滿多人不喜歡處理性侵害案件，因為那實在是太痛苦了。我自己倒是還好，就把它當成是工作，很認真地聽，一直在想要如何從他（被害人）的說法之中調查什麼證據。可是每次問完休息的時候，我會突然想到，啊，怎麼這麼可憐，可是問的時候，完全不會去想到他的痛苦……」檢察官林慧明（化名）這麼告訴我。

林慧明的眼光是冷靜的，卻不是冷眼。她把工作與感受分得很開，查案時就是專心查案，不受情緒干擾，而且說到做到。我問她怎麼這麼厲害？她毫不猶豫地說，她工作時還滿抽離的，「如果把每個案子的情緒都拉進來，很難過，這樣就沒完沒了，自己生活也會大受影響。」

她是典型的好學生，成績好，會考試，高中時老師期許大家「做一個對社會有用的人」，她認認真真聽進耳裡，擺在心裡，只是該如何達到這個目標，並不是很確定。就讀研究所時，她努力準備考試，每天拚命讀書，通過司法特考，覺得像檢察官這樣法律守門員的角色——透過偵查、公訴到執行整體刑事訴訟程序，實踐程序正義、追求實體正義的工作，好像挺適合她，也愈做愈有心得，便一路做到現在。

根據統計，臺灣每年有超過四千起性侵害案件經過通報進入地檢署，最後起訴的大約有兩千件，也就是說，有半數在偵查過程便因證據不足不起訴了。這些年來，林慧明至少經手過一百多件性侵害案件，經她起訴的只有一件被判無罪。她很有自信說，她一定是相當確信才會起訴，但也坦承性侵害案件真的不好辦，因為證據的取得實在是太困難了。

起訴一個人是重大決定，尤其在事實尚未明朗之前，常被包圍在一團迷霧之中，看不清方向，她是如何展開偵查工作的？

「我的工作就是一直問人問題，不停地問，想辦法瞭解案情背後的來龍去脈，問的時候如果有感覺的話，大概就對了，這種感覺很難形容，你自己去問問看就知道了。我自己的經驗是，自己跟案件當事人面對面問過話後，大部分會有一個方向，如果又找得到客觀證據的話，那就『中』了。」

檢察官應就被告犯罪事實負實質的舉證責任，而且是達到「無任何合理懷疑存在之程度，始足成立犯罪」。不過性侵害案件最讓人最糾結的，就是被害人供述前後不一，尤其兒童證人的記憶、認知能力不足，或恐懼擔憂等心理因素，造成說法反覆是常有的事。碰到這樣的狀況，要如何確認呢？

「我在開庭以前一定會先看過警詢筆錄，如果被害人講的跟筆錄不一樣，我會問說，你為什麼跟當時講的不一樣？如果他給我一個很合理的解釋，比如說事情發生已經很久了，那時候記得比較清楚，我覺得這很合理，可以接受。有時候被害人會說，我當時跟警察不是這樣講的啊！這個問題就大了，如果筆錄有錄音錄影，我就會調出來看。有時候是警察理解錯誤，證人明明不是這個意思，是警察弄錯了……（我忍不住插嘴說「好可怕」！）對啊，所以有時不能太依賴警詢，不過現在這種情況應該比較少了。」

一般都以為「證詞前後不一致」是不起訴或無罪的重要原因，但也有檢察官提出不同見解：

> 大家可能會認為被害人所說前後不一致，表示被害人所說沒那麼可信，但如果我們從其他脈絡、線索知道，被害人本身遭受很大壓力，且該壓力有客觀事證可以證明，那他在枝微末節上的前後證述不一致的狀況反而顯得合理。我記得我在起訴書中就特別寫了這段——「被害人這樣前後不一致的證詞，反而正足以證明被害人所述為真」。[1]

瞭解「前後不一致」理由的脈絡是很重要的。有些供詞的不一致，因為無關緊要，未必會動搖被害人陳述的可信度（例如第一次說是早上被性侵，後來改口說可能是中午）。至於造成不一致的原因，有時是溝通不良所導致的，如果詢問者無法清楚定義性侵是什麼（是不是一定要器官插入？口交算不算？）、如何計算性侵的次數（器官插入五次要算被性侵幾次？是五次還是一次？），被害人的說詞會讓人感覺反反覆覆，看了這樣警詢報告的檢察官、法官自然會對他們的說詞產生疑慮。

根據林慧明的經驗，大部分被判無罪的性侵害案件，被害人幾乎都是兒童，這讓她對這類案件總是格外謹慎。特別是父母正在辦離婚、處於爭奪親權狀態的，她一定會多方查證，就怕自己錯判事實，最後受到傷害的永遠是無辜的孩子。我也聽過不少類似情節：離婚父母爭奪子女親權時，媽媽（在無良律師指導下）惡意指控爸爸性侵孩子，一旦進入調查程序，子女監護權的官司就會停擺，就算爸爸被判無罪定讞，親子之間的裂痕與長期失聯的隔閡，已經難以彌補。這種爭奪監護權的「奧步」，目前確實無解。

「如果碰到這類案子，你會調錄影出來看嗎？」我問林慧明。

「一般來說，我們都是先看筆錄而已，」林慧明老實說道，「不過只要覺得筆錄怪怪的時候，我就會去看。我記得有個小男生的案子，媽媽跟爸爸離婚，每到週末，媽媽男友會載她去夫家把孩子接回來。後來夫家提告說男友摸小男生的小雞雞，男友否認有這回事，說他只是在搔他癢，逗他玩而已。這個小男生，三歲，表達能力很好，完全知道我的問題是什麼，那時我就覺得怪怪的，覺得他是不是被教過？不然怎麼會回答得這麼好？筆錄上是寫小男生說叔叔用手「戳」他的小雞雞，我問他，叔叔是怎麼弄的？他說，用「捏」的。我問他怎麼捏？你要不要比給我看？他比了一下，是大拇指及食指捏起來，這樣。後來我去調錄影來看，小男生在警察局是說「tok」（臺語），不是「捏」，後來我就（不起訴）處分了。這個案子不只是被害人前後說法不一，後面有爸媽爭奪親權的利害關係，證據又只有小男生的說法，讓人沒有辦法相信。我覺得前後說法不一並不是唯

1〈無聲所在：性侵案偵查的重重掙扎〉，陳莉蓁等，《冤冤相報》電子報第八十期，二〇二〇年八月十日。

一的判斷標準，有時候被害人的說法不一，只是事實背景的差異，這點我可以接受。這個案子的重點是說法不一，後面又有利害關係，這個前後不一很關鍵，所以我就（不起訴）處分了。」

如果被害人的供述不那麼可靠，她會用測謊或PTSD鑑定作為輔助嗎？

「如果遇到沒有辦法判斷要不要起訴的，我會用測謊。起訴一定要很確信，如果很猶豫的話，就表示有討論的空間，我就把這一步交給測謊來認定。不過它的證據力很弱，很容易被打掉，而且主觀想法是測不出來的，只能客觀測出來有沒有插入這類問題。就算被告去測謊，不管有沒有過，都有可能被（不起訴）處分，如果他的說法我覺得很有問題，也有其他的證據，測謊又沒有過的話，我就會把它拿來當證據。至於PTSD，以前我在別的地方做檢察官的時候，它很容易被當成一個證據，大家起訴的時候都會用，現在已經很少把它當證據了，因為PTSD的來源很多啊，你怎麼確定是這件事情？所以我不會用來作為關鍵證據。」

「可是你們在用的時候，並不認為有什麼問題？」

「當時確實都會拿來當作輔助的證據。」

「你還會透過哪些證據決定起訴？」

「如果是在七天之內，可以到醫院開採證盒，如果DNA比對出來有就是有，這是很客觀的證據。對話紀錄也很重要，現在有些被害人很機警，都會錄音，或是事後套話偷偷錄，我從這裡再反推當時的情況是什麼。我也會問被害人有沒有寫日記？或是把事情寫出來PO在網路上？或是跟誰講過？然後我們都會把那些人傳來問，這個待證事實就是他跟別人講的時候的情緒狀態是什麼。如果是學生的話，就會去查學校輔導室的紀錄，也可能會調學校性平會的相關資料。」

辨別被害人說法的真偽，應該是執法者最感苦惱的問題了。不過林慧明以為只要多用點心，親自問問他們的說法，會很有感覺，也能幫助她判斷事實，「就算回答是一樣的話，你自己看到他，聽他自己說，跟光看別人問的筆錄，那是很不一樣的。」

林慧明提起一起她經手的案件：老師進行家訪時，無意中在學生凌亂不堪的家中發現許多A片，機警的老師立刻詢問學生，才得知喪偶多年的爸爸性侵三姊妹已經很久了。雖然爸爸從頭到尾矢口否認，林慧明以為事件不是被害人自己通報，而是被動被揭發的，應該較無誣陷的可能。她看過所有卷證，考慮了許久，決定把三個念小學及幼稚園的女孩再傳來問話，「那是個很困難的決定，因為她們已經被安置了，是有點為難她們。可是我一直相信性侵案一定要自己問，所以還是傳她們來。」

「你怎麼判斷她們說的是不是真的？」我對這點很好奇。

「主要是小孩子的情緒，或是她們回答問題的狀態。我問過這麼多人，有些人講話會閃閃爍爍，你會覺得很虛，可是這三個小女生回答得很實在，而且又有客觀證據。比如我問姊姊說，爸爸要做的時候，是不是先跟你說什麼？她說，爸爸會打手機給我，響兩聲就掛掉，我們有去查扣手機打開來看，確實有爸爸很多通來電都未接聽，妹妹的手機也是這樣。另外，這個爸爸已經喪偶很多年了，可是家裡有很多保險套，妹妹說是爸爸去藥房買的，我們去藥房問，證明妹妹說的沒錯……」林慧明頓了一下，感慨說道：「這三個小女生很堅強，無論我問她們什麼事，她們都是很淡定地在講。我問妹妹說，你希望爸爸去關嗎？她說，我不想，因為他是我爸爸……唉，很可憐。」

最後爸爸在地方法院被判了三十年，讓林慧明終於鬆了一口氣，「不是說他被判很重我很高興，而是我覺得自己做了一件正確的事。他長年性侵自己小孩，應該有幾百次吧，是用頻率在算，然後扣掉月經這樣子……唉。」

許多被害人都有類似經驗，就是無論再怎麼訴說或表達，如果那些親身經歷與痛苦不在法律認定的證據框架之內，這些經歷與痛苦就像是沒有價值似的。不知林慧明是怎麼想的？

「喔，性侵害案件沒有處理好，對被害人的影響真的很大，這點我很瞭解。站在我們的角度，要起訴一個人的門檻很高，真的不容易。我們會問被害人為什麼不即時報案？他們都說沒有證據，只有自己講，別人不會相信，顯然他們自己也料到會有這個結果，可能只是想宣洩一下不滿。我都會跟他們解釋說，最後如果決定不起訴的話，不表示我不相信你，覺得你在說謊什麼的，只是客觀上我沒有足夠的證據起訴，如果你收到不起訴處分書不服的話，你也可以再議，先不要太難過。」林慧明告訴我，聽說有被害人得知被告沒有被起訴，竟然選擇輕生，這讓她感到不捨也不值，「所以我一定會好好跟他們說明這點，就算不起訴，他們也還可以接受。」

「你是態度很好的檢察官啦，不是每個檢察官都跟你一樣。」我說。「嗯，這也是有可能啦。」她微微笑了起來，「一般案件一次開庭偵查筆錄有多少？大概兩、三頁吧，可是我問性侵的筆錄可以問到十幾二十頁，把他們說的話逐字逐句都記下來，包括哭泣啊什麼情緒反應都記下來。當然書記官要很強。我偵查的時候是這樣，只要任何一點有關的人都會找來問，能調查的全都調查，當然是很花時間，有時候一個下午只能處理一件。只要你很認真辦案，被害人會感覺得到，他們如果有不懂的地方，我也會盡量解釋。」

林慧明自認辦案認真，絕不偷懶，不過面對長期案量過大的問題，她還是很頭疼。「我們案件真的很多，多到像雪片般飛來，每個月底結完七、八十件，到了月初一天又分到十幾二十件，一個庭又不可能排太多時間，真的很趕。性侵害案件我們會安排在溫馨談話室，[2]一個下午我希望能排三件案子，可是檢察官就只有那麼多，案量又那麼大，一星期只能排到使用（溫馨談話室）一次，有時候很想擠多一點案子，多了又怕問不完，很容易時間到了就結束，感覺有點倉促。有些被害人會一直講些跟本案無關的事，可是時間真的不多，有的檢察官就會打斷說『這些你就不用講了，只要講跟本案有關的重點就好』。我是盡量避免發生這種事，會盡量讓他們講，可是案件就是這麼多，時間就是這麼少，你說要怎麼辦？」

「被害人很需要別人聽他們傾訴吧？」我腦海裡立刻浮現好多被害人的臉孔，想到他們急切想要訴說的神情。

「可是我們的工作是偵查犯罪，不是聽當事人傾訴啊，」林慧明答道，「有時候我也發現，不同檢察官問出來的結果會不一樣，有的被害人原來都不想講，等換手之後就願意講了……（我說，你是那種人家願意跟你講的喔？）謝謝啦，就是認真聽啦。」

傾聽不只是別人滔滔不絕說話時保持沉默，而是你知道該如何回應，能不能讓對方在安全信任的氛圍之下，清楚表達出內心真正的想法。我想，如果執法者認真、慎重做好傾聽這件事，應該會對彼此人生都有重大影響吧。

我問林慧明，她覺得減述真能做到「減少陳述」的目的嗎？（可參考第三章莉莉與其他社工的說法）她老實承認說，嗯，有些地方是「做真的」，有些地方是「玩假的」（後來她修正說，還是不要講這麼直接，你就寫說「有些地方做得沒有那麼符合減述的精神」好了）。她說：

「我以前在甲地（地名）做檢察官的時候，被害人一報案，我就會指揮他們去驗傷什麼的，警察不會自己做筆錄，我都自己做，這個流程真的減化很多，被害人不用一直說。可是到了乙地（地名）以後，是警察打電話來說被害人來報案，社工評估說要做減述，警察就自己做筆錄，做完了回傳給我看，有不足的地方再補問，等於又是一次警詢了，然後我自己一定又會再問一次。到了法院如果被告否認，一定又會傳被害人來問，除非他情緒極度不穩定，醫生評估不適合再接受詢問，所以算起來至少問個三次左右，完全沒有減到多少。」

明明是立意甚佳的政策，為什麼執行起來就變了樣？

「以前在甲地的時候案子很少，一星期可以好好辦一件案子。現在在乙地是案件太多，像我行事曆都滿滿的，臨時很難再擠出時間，只能讓警察先問，我們再根據一般排

---

2 為了提供被害人更好的詢問環境，許多地檢署設有「溫馨談話室」，以溫暖的環境布置，友善的問話方式（檢察官與當事人是面對面坐著，與一般偵查庭檢察官坐在上面、當事人站在下方不同），讓被害人在相對舒適的情況下接受詢問。不過各地因條件不同，主事者有異，有的溫馨談話室確實布置得溫暖友善，也有的距離「溫馨」仍有一段距離。

庭的時間去排。」林慧明解釋，「不過減述有個好處，就是我們可以直接指揮警察做什麼事。警察的素質不一，有的很優秀，有的沒那麼好，如果第一線工作沒做好，尤其是監視器畫面或手機截圖之類的，如果漏了這些東西，什麼證據都沒有，就沒辦法辦下去。如果遇到很有同理心的警察，你不用指揮他去做什麼，他就會先去做了，可是這種警察是可遇不可求，也是看人啦。至於說減少詢問次數的問題，我覺得大家並沒有很認真在做這件事。」

然後我們談到不起訴處分書文字的問題。我提起不起訴處分書使用「有違常情」、「不合邏輯」這樣的字眼，讓被害者情緒崩潰，不知道她是否注意到這點？

「喔，這個最近高檢署有在宣導，要求我們不起訴書類用字要更謹慎，不能寫說被害人沒有尖叫、沒有抗拒，把他們設定是理想被害人之類的……」林慧明爽快答道，「可是有時候某些狀況真的很不合理。我辦過一個案子，她說男性友人性侵她，可是事發以後男的載她去另一個朋友家聊天，又去買便當給她吃，她就單獨留在朋友家，後來我就（不起訴）處分了。為什麼？你被性侵了以後，為什麼又跟他去朋友家玩？還在那邊聊天聊那麼久？被告沒有在場的情況下也沒有報警，沒有尋求協助，這就是我們認為『有違常情』、『不合邏輯』啊，可是現在就不能這樣寫了。所以現在我們問話跟書類都要很小心，（不起訴）處分的文字都要很婉轉，萬一上新聞就很麻煩了。」

根據一份分析性侵害案件檢察書類的研究[3]指出，不起訴處分的檢察書類用語中，確實存在若干對被害人的刻板印象。該研究分析一九二份不起訴被告書類，出現六十四次「被害人未積極呼救或逃脫」、五十六次「案發後仍與被告往來」、四十一次「案發後未迅速離開現場」，或多或少反映了「理想被害人」的迷思。但**根據該研究的量化分析，這些文字與不起訴處分結果之間並不存在顯著關連，反而是「無其他積極證據足證被告犯行」，缺乏被害人陳述以外的人證與物證，才是不起訴的主要原因**。

在制度設計上，檢察官必須論述被告成罪或不成罪的理由，然而檢察官也有感受，也有個人政治立場、意識形態、宗教信仰、性別偏好，如何維持判斷時保持不偏不倚的態度？唯有隨時檢驗自己的看法，不斷求知與自我反省與要求，畢竟檢察官的職責不是為了把人送進監獄，而是為了確保調查的公正性。

法律是提供解決問題的方式（之一），但它不是一切的解答。

3〈性侵害案件之檢察官書類分析——以偵查結果為中心之實證〉，研究單位：法務部司法官學院；執行單位：犯罪防治研究中心；研究主持人：蔡宜家，二〇二一年六月。

2 法官難為，為難法官

性侵害案件向來證據薄弱，被害人控訴加害人時，很難找到具體證據證明被害事實；但同樣的，當無辜者被指控是加害人時，也難以找到合適的證據推翻指控。有罪無據，平反也難有據，若是誤判影響他人人生，法官背負的壓力有多麼沉重，也就不言可喻了。

為了走向審判專業化，司法院所屬各級法院均設有專業法庭，如少年事件、家事事件、勞工事件、選舉罷免訴訟、國家賠償事件、性侵害案件等，負責特定案件的審理。監察院曾針對專業法庭的執行成效進行調查，代表性侵專庭的汪姓法官語重心長地表示，大部分法官都不願意辦理性侵害案件，他說：

> 我們都知道性侵案件其實它最麻煩的地方，是在於真假判斷的掙扎，所有的法官都沒有出現在犯罪現場，所以刑庭的法官最困難的點，都在於不知道判斷到底是不是正確的。而性侵案件的一個特性，就是往往都只有被害人與被告嫌犯兩方面各說各話，有時候檢警蒐證又不完全時，會發現在案子裡呈現的是兩套全然不同的事實，甚至有時候會出現第三套版本，這時候要做什麼樣的一個認定會很有困難……

被害人通常心理創傷是比一般犯罪的被害人來得大，所以他們的陳述往往會需要比較長的時間，而且在回憶方面他們也會有比較大的困難，沒有辦法就整個犯罪情節做很具體的描述，這個部分增加很多審理上的資源與成本，法官在判斷上也有比較困難的地方，所以法官在這個情況之下其實有非常大的心理掙扎……

上級審往往不會再重複傳喚被害人，他們看筆錄時沒有辦法親臨體會被害人的陳述，那時被害人聲淚俱下或是那種為難的表情，其實在法庭上是有直接心證的，可是那個東西很難呈現在筆錄。二審以後，看筆錄會覺得被害人前後指述明明不一，為什麼可以判決被告有罪？這是在性侵案件審理的整個品質上是有這樣的困難。[4]

短短幾百字，道盡法官審理性侵害案件的各種為難。目前擔任性侵專庭法官的李心平（化名）是否感同身受？

「會啊，會會會，尤其我自己有小孩，碰到這類案子會很有感覺。有時看到網路鄉民留言給法官說，你們是因為沒有發生這種事情，所以不懂那種痛苦，真的不是。我們

4〈專業法庭（院）執行成效之探討專業調查研究報告〉，監察委員：高鳳仙、趙昌平、陳健民、沈美真，二〇一三年六月。

都懂那個痛苦，問案的時候也會反覆思考這些事情，心裡會有很多糾結，真的。」李心平說，像宣誓般的口吻。

李心平告訴我，當初選擇性侵專庭是個人興趣所致，讓我有點驚訝。我說，別的法官對性侵害案件都避之猶恐不及，你居然會「有興趣」喔？開朗的她笑了起來：「我說的興趣不是『喜歡』的意思啦，而是我覺得處理這類案子很有意思，因為證據很少，所以很有挑戰性。當然，當法官有實現正義的感覺，不過有一部分也是為了養家活口啦！」

李心平告訴我，她在受訪前看過描述許倍銘案的《無罪的罪人》。我乍然一驚，心想，等一下會不會被叮得滿頭包？沒想到她客氣地告訴我，她看了書之後，心裡生出許多反思來。

「通常被告律師都會要求我們重新看一次警詢光碟，這也是我們一般都會做的調查。許案裡那個小女生年紀那麼小，又是智障，如果被告從一審就否認到底，通常法官一定會調來看，怎麼會堅持不看呢？[5]而且律師都很強烈要求要你看了，怎麼會不看？我內心真的是狐疑的。看了光碟以後不管是覺得有罪或無罪，它都是一個很重要的資料，幫助你看出來她一開始是怎麼講的，或是她一開始不是怎麼講的，這是形成心證很重要的一環。」

現場是通往真相的道路。法官只靠筆錄研判，既不勘驗光碟，也不勘驗現場，這是冤案常見的情形。

「性侵案的灰色地帶實在是太多了。《無罪的罪人》從書名就知道你要講什麼，所以我一邊看，一邊也會想，咦，如果是我在審案的話，我會怎麼做？比方說，辯護律師希望法官可以去勘驗現場，我心裡就在想，如果是我的話，我可能也不會去丈量現場耶，在閱讀過程中就會提醒自己，當事人覺得哪些地方要再調查，我應該要聽的……反正看了這本書，我一直在想，如果是我的話，我會怎麼做？」

「所以你看了以後，也覺得判決有問題？」我問她。

「嗯，是真的很怪。」

李心平娓娓訴說一起她經手過的智障兒童性侵案，那是個比悲傷更悲傷的故事：國小幼女慘遭父親毒手，最初是她姊姊無意間把爸爸騷擾她的事告訴老師，經過調查才發現，原來姊妹均遭到爸爸程度不一的侵害。由於證據很少，兒童供述穩定度不高，年幼妹妹又是中度智障，調查一度陷入膠著。

「我們有找專家來鑑定妹妹的狀況，瞭解她的認知能力。我記得他有拿娃娃給妹妹，

---

5 許倍銘的律師在訴訟過程中，一再要求法院重驗警詢光碟及勘驗現場，但這樣的要求一再被駁回。見《無罪的罪人》，頁七八。

讓她判斷娃娃是男生還是女生，然後用娃娃輔助來做動作，有時候我們問到一半，專家會要求暫停一下，說，她已經不知道你們在問什麼了，我們就會先休息一下。後來專家有出鑑定報告，認為妹妹的說法人為誘導的可能性很低，可以作為她陳述的可信性，可是最後檢察官起訴了數次性侵，我們只判了一次（有罪）。」

「為什麼？」

「我們手上能夠用的證據，主要只有妹妹的說法。判有罪的那一次，是姊姊也說那天她看到爸爸在被子裡把衣服脫掉，壓在妹妹的身上，這個說法跟妹妹的說法是吻合的。判無罪的部分，是妹妹的說法前後不一致，又沒有其他人證，我們就判無罪了，」李心平面露遺憾，繼續說道，「其實，姊姊的案子更嚴重，可是都沒有證據，就沒辦法。」

「真的？」雖然知道這類案子已經很多、很多了，每次聽到，還是讓我心驚。

「對啊，姊姊跟我們說，爸爸每個月都跟她上床好幾次，完事之後還會給她零用錢，平常也會跟她調情。她覺得不太對，可是爸爸對她很好，她就什麼都沒說。我們問媽媽知不知道？媽媽否認，還說女兒在外面亂交男友，是不服管教才會亂說。」

「你覺得媽媽知道多少？」

「我覺得她一定程度是知道的，她曾經罵爸爸，女兒不是你的女朋友。他們家平時媽媽跟兒子睡在房間，爸爸跟女兒在客廳打地鋪。姊姊的部分，因為只有她的說法，沒有任何紀錄，也沒有其他證人的供述，我們覺得爸爸很可疑，但證據就是不夠，所以連起訴都沒有。妹妹的部分因為智能不足，雖然只判了一次，但是有加重量刑，判了好像七年到十年。」

「你問小孩的時候，她們的反應是什麼？」

「她們都滿冷靜的，可能是案發已經一段時間了，社工也幫助她們調適好了。不過爸爸在法庭上滿激動的，一直叫說，我沒有！我沒有！叫她們出來跟我對質！姊姊有隔著房間當庭跟爸爸對質，爸爸仍然否認。我自己是覺得小孩並不想指認是爸爸做的，可是她也不希望聽到爸爸這麼說……」

這是家內性侵最大的難題。如果加害人是爸爸，孩子可能會想，他是我爸爸，他這麼做應該沒有惡意，因為他平常不是這樣的人。加害人可能大部分時間是稱職的爸爸，只有少部分時間成了加害人，在這麼複雜的情境之下，孩子要如何訴說與定義自己的被害經驗？

我與李心平同時陷入長長的沉默，只剩下房間裡冷氣機發出隆隆低沉的聲音。

「這個部分我也想過，姊姊一定覺得，我都講得這麼清楚了，為什麼法院不相信我？」李心平停頓了好久，像是在整理心情：「我想了一個例子。法庭上有人說他掉了錢包，堅稱裡面有五千塊，可是撿到的人說裡面只有一千塊，這時法官要相信誰的說法？我想，大部分法官應該都覺得，那就認定是一千塊好了，至於為什麼錢包裡的錢會從五千塊變成一千塊？中間的因果沒有人知道，是不是被害人某個程度記錯了？還是回憶讓他有了其他想法？所以我們最後還是會回到罪疑惟輕、無罪推定的原則，這應該是法官很習以為常的認定法則，可是通常當事人很難認同。」

有時忍痛做出無罪判決，不僅檢察官覺得氣餒，就連法官也感到無奈吧。

許多法官會以科學證據確認被告的罪行，這也是一般認為值得信任的工具。不知道李心平是怎麼看待科學證據的證據力？

「你是說測謊、驗傷之類的嗎？我自己碰到的合議庭都很少用。該怎麼說呢？因為我們不太相信它的可靠性。」李心平坦率說道，「測謊的話，調查局認為法官瞧不起他們做的結果，但是被告的不實反應是因為否認才產生？內心有其他糾結或想隱瞞什麼？我們不能確定。最高（法院）的意見是測謊只能作為偵查輔助，不能完全作為犯罪認定的依據，所以我對這個是滿保守的。剛才講的那個家內性侵的爸爸自己說要測謊，我們也沒有測。」

「至於驗傷的話，我一直不能理解『陳舊性撕裂傷』到底是什麼？又能表示什麼？如果是隔了很長時間才驗，被害人又已經有性經驗，沒有辦法證明什麼；反過來說，如果被害人說他沒有性經驗，這個撕裂傷也未必就是性侵造成的，所以它的證明力堪慮。

如果他有抵抗傷勢的話可能會考慮一下，但也不會是我們判斷的主要標準。」

「那PTSD呢？」

「這個部分的話……」李心平思考了好一會兒，謹慎地說：「我知道蠻多判決會用的，我碰到的案子用的機會不多，除非我們把被害人送去做精神鑑定，或是被害人在案發之後自己去諮商。有經驗的辯護人就會知道，這只是傳聞證據，診斷證明只是被害人的陳述，一種疊加式的證據，用這個創傷去推論犯罪事實的存在，會變得有點難採，最高法院也有一些判決認為這個證據力不太夠。」

證據不足的情況下，該如何判斷事實？我的法律啟蒙著作《法官的被害人》描述約翰．許文律師對於如何辨別誤判有著極有意思的形容，他說，錯誤的判決會有一種特殊的氣味，那種判決聞起來有一種笨笨的、未經批判的味道。[6]我聽很多人說過，長年從事司法工作的人，往往可以培養出足以分辨對方是在說謊、還是說實話的靈敏嗅覺，其中一部分是靠經驗，一部分則是從當事人的眼神與語調判斷，真是玄妙極了。我問李心平，她在斷案時是否也有類似經驗？

「會會會，會有這樣的情形，」她立刻點頭如搗蒜，說這個形容很貼切，「但我們一

6《法官的被害人》，頁一九〇，湯瑪斯．達恩史戴特著，鄭惠芬譯，衛城，二〇一六。

定要提醒自己，萬一自己有了偏誤，一旦覺得被告有罪，就會把所有證據往他那邊解釋，一旦覺得被告沒有罪，就會覺得所有證據都不太夠……有些時候你也說不上來，就是他說的某些情形，就是會加深你的心證。」

「所以你的意思是『法官說了算』？」我大膽提問。

「這也沒辦法，因為判決就是我們在做啊。剛才我說的那種情形很容易存在，一旦做成了心證，就是會往那個方向解釋。不過我一審這麼判決，二審可能有不一樣的意見，會撤銷我的判決，所以也會看到另一種證據解釋的方式。」

李心平舉了一審她判定有罪，二審卻改判無罪的案例給我聽：小女生向同學透露繼父騷擾她，通報之後她向警察透露，繼父會摸她的身體，她告訴過媽媽，媽媽說，爸爸摸你，你為什麼不躲？後來媽媽承認那天爸爸有喝酒，她有叫爸爸不要喝，但否認跟女兒說過「你為什麼不躲」這種話。李心平認為事件暴露的過程是偶然的，並不是小女生刻意提起，可以拿來當作爸爸有罪的佐證，二審卻認為媽媽沒有承認小女生說的細節，爸爸又矢口否認，改判無罪。

既然證據並不算充分，為何李心平仍相信被害人的說詞？

「我去調了她在學校心理輔導室的紀錄，爸媽離婚之後，她原來是跟爸爸住，後來爸爸突然過世，社會局聯絡媽媽，她才跟媽媽與繼父一起住。她跟輔導老師說，繼父對她不好，每次繼父罵她什麼的，她就會抱著洋娃娃，默默想念天上的爸爸……」李心平忍不住喟嘆：「我看到這段訪談紀錄，真的很難過。她在那個家庭沒有好好被對待，那種感覺是很真實的，所以我會傾向她說的是真的，做心證的過程就會受到影響。這段過程與我判斷事實可能無關，但是我在閱讀輔導紀錄的過程中就是受到影響，我無法完全交代為什麼我會做成那樣的認定，我也不能排除那些跟犯罪事實無關的事情就是影響了我，因為我看到了那些紀錄，內心就是會有感受。」

「判決真的好難！」我由衷說道。

「對啊，真的很難，我已經盡力排除情感觸動去做判斷了。這個案子我印象很深，因為看到那些紀錄的當下，真的很難過。」

面對被害孩子的痛苦，法官不可能沒有感覺，但他們的工作就是根據雙方說法做決定，不能任憑個人的情感判斷。至於「自由心證」的意思，是指不得違反經驗法則與論理法則，而是在判斷證據足不足以證明有犯罪事實時，可依照個案情形享有一定程度的自由判斷空間。有些人不明究理，以為「自由心證」是法官想怎麼判就怎麼判，實在是誤會大了。

「性侵害案件就是這樣，有些事情就是無法重現，被害人把同一件事情一直講一直講，你質疑他們為什麼講的不一樣，他們也會生氣說，我怎麼可能每次講的都一樣？我也知道有這個問題。我去參加研習的時候看過國外關於記憶的影片，提醒我們，記憶會讓人說出前後不一的話，這是很正常的。所以我會跟被害人說，我不是因為你說這樣（前後不一致），就不相信你，最後我還是會回到無罪推定的原則。可是被害人不一定能接受，我覺得我的難處在這裡。」

根據林志潔教授主持、針對三二八案、共九〇四筆性侵案的判決，匯整出二十三位法官審理案件時考量因素的研究發現，「被害人、證人之證述前後或相互不一致或矛盾」，像是說不清楚時間、地點與次數，導致證詞出現前後矛盾、錯置或遺漏，是影響法官做出無罪判決的主要因素；特殊被害人（兒童或具精神障礙者）也常出現類似情況。[7]但也有研究得出相左的結論，例如王俊凱的《性侵案件之證據法則——判決分析與展望》便指出，法院傾向相信特殊被害人的陳述，認為兒童年幼無知，不會說謊，或者考量被害人的心智缺陷，「雖前後供述不一致，然基本事實尚稱同一」，對證詞採取較為寬容的態度。[8]到底「證人說法前後不一致」，是不是造成無罪判決的主因呢？

「我覺得應該是這樣說啦，」李心平說明判案原則給我聽，「如果一件案子只有被害人的說法，說真的，就算他的說法前後一致，沒有矛盾，只有你單方面的說法，我就要相信嗎？當然不是這樣。我們也不是要挑剔被害人的說法前後不一，就算前後一致好了，還是會落入公說公有理，婆說婆有理的境地，還是很難認定犯罪事實。所以我在寫判決的時候會寫說，某些地方仍處模糊地帶，無法認定為真，且沒有其他證據，無法僅憑告訴人說法判被告有罪。但是當事人常常抱怨說，我的說法前後只有一點小小的出入，為什麼法官不相信我？其實我們的考量很多，不完全只是說法前後不一致。」

法院認定犯罪事實，不能只靠被害人的說詞，也必須參考其他與被害人說法、或與犯罪事實相關的證據，例如親友或心理師的證詞，用來補強被害人的說法，這叫作「補強證據」。最高法院的見解便認為：

「被害人就被害經過之陳述，除須無瑕疵可指，且須就其他方面調查又與事實相符，亦即仍應調查其他補強證據以擔保其指證、陳述確有相當之真實性，而為通常一般人均不致有所懷疑者，始得採為論罪科刑之依據。」（九十五年度臺上字第六〇一七號刑事判決）

要求補強證據或可避免法官僅憑被告說法，而傾向性侵害行為確實發生。不過也有人提出不同看法，認為補強證據的用意是出於對被害者（尤其是女性）說法的不信任；

7〈性侵害案件無罪原因分析之研究——以強制性交案件為中心〉，林志潔、吳耀宗、金孟華、劉芳伶、王士帆，法務部委託之專題研究成果報告，二〇一七。

8《性侵案件之證據法則——判決分析與展望》，王俊凱，臺灣大學法律學研究所碩士論文，二〇一九。

此外，司法實務上對於什麼是有效的「補強證據」也有不同意見，足見判定性侵案是否發生，確實是個難題。

至於有人認為「將舉證責任歸諸原告，無異是偏袒被告」，不知道李心平對這樣的說法是怎麼想的？

「喔，這種說法我也聽過，很多人說法院對被告過於保護，這點我並不同意。我們不是要求被害人舉證，是檢察官要舉證啊，被告受無罪推定的保障，所以我們把舉證的責任放在檢察官。就表面上看，舉證的責任好像在被害人身上，他們必須指出有誰看到之類的，所以可能會讓他們有這樣的感受，但是就整個法律精神來說，被告就是不負舉證責任，說真的，他愛怎麼抗辯都可以，但是法官不會以他的抗辯為主軸。我們只以證據為主，檢察官提出什麼樣的證據，我們就以什麼樣的證據來認定被告有罪或無罪。」

檢察官都說，自己是有十足的確信才會起訴，那麼法官是如何審視他們提出的證據？是否也會懷疑？李心平說：

「一般來說，檢察官心證的標準會比法官低。我知道有些檢察官會否認，他們會說，我會起訴是因為我百分之百相信有罪，可是我在有些案子裡面真的會覺得，檢察官採證的標準比較低。或許檢察官跟社工一樣，接觸被害人的機會比法官多，比較容易感同身受或什麼的，法官跟被害人有時還是隔著房間，有一定的距離……嗯，我也很難說這樣是好，還是不好。」

司法與被害人的距離是什麼？這裡踏進一個很難分析、也沒有簡單答案的領域。當然，面對被害人，不管是隔著什麼樣的距離，沒有人可以視若無睹，我只是好奇，是否法官必須具備特別理性、冷靜的心理素質？這樣的心理素質是與生俱來的，還是後天培養出來的？聽了我的提問，李心平笑出聲來：

「你覺得我理性嗎？哈哈哈，其實我平常滿感性的，看到電影比較感傷的橋段馬上就會掉淚耶。可是我在工作上確實會要求自己更理性一點，因為有時必須用比較抽離的角度來看待案件，當然也可能是訓練，透過不斷處理案子提醒自己，必須理性客觀一點。」

然後，她像是有感而發：

「有些同事的正義感很強，我覺得這要很小心。我看過那樣的法官，太積極想替被害人尋求正義，心證很強烈。我在實習時看過有一個法官對被告非常凶，真的很凶，會跟被告說：『我沒叫你坐下，你怎麼可以坐下？』擺出一副『我看你就是犯罪，你還在這邊說什麼』的樣子，我覺得這樣的情緒就太過了。法官還是要以第三者的角度去判案，我並不是說有正義感不好，但是正義感過強了，就會進入『一定要判被告有罪』的情境，就會看不到對被告有利的地方。我不願意這樣，這不是我理想中的法官的形象。」

法律的溫度，應該展現在正確的事實基礎，而不只是在判決的最後結果，這是刑事訴訟存在的意義，也是程序正義的具體實踐。我想，李心平的心情應該也是如此吧？

3 把「人」放在「法」的前面

第一次見到司法院少年及家事廳長謝靜慧法官，是幾年前金馬影展《她的迴轉練習》的映後座談，該片描述十五歲滑雪選手麗姿被教練性侵，是個典型權勢性侵的故事。那日謝靜慧除了說明既有法令對權勢性侵的規定，還花了很多時間在談如何保護被害者，幫助他們盡快走出創傷，是很從被害者立場出發的發言。她提及性侵害是否應該採公訴罪時說：

主管機關要將《性侵害犯罪防治法》改採非告訴乃論時，也曾經引起了一番論戰。其實採取告訴乃論，比較尊重被害人的意願，被害人有時其實不想讓這件事情被外界知道，像片中的女老師其實問過麗姿，但她也選擇說「我跟他沒有什麼」，所以她可能並不想讓外界知道這件事。

立法政策採取告訴乃論或非告訴乃論，會直接連動到對被害人的影響。為什麼現在會採取非告訴乃論？之前有個「姊姊妹妹站起來」的口號，就是為了避免潛在的被害人被消音，如果不採取非告訴乃論，其實就沒有機制可以讓加害人現形，很多性侵害案件的加害者，會有連續犯案的習性，不斷去重複加害的行為。但採非告訴乃論，也會付出一些代價，譬如說被害人還沒準備好，就被帶進偵辦的程序中成為證人。因此，我剛才說「對被害人提供保護」的軸線，其實才是最重要的，不管最後加害人是否被判有罪，國家對被害人的保護必須一直持續下去。

在立法政策上，非告訴乃論下的被害人，會不得已被帶入司法程序當中。如何減少對被害人的二次傷害、減少二次陳述，其實一直也是《性侵害犯罪防治法》要去克服的問題。當我們選擇了非告訴乃論的立法政策，連動的當然是如何保護被害人，因為我們讓被害人成為國家起訴的證據，讓加害者得到懲罰、停止犯罪。另外，其實有些加害者也需要接受治療，如何讓他們得到協助，進入治療的系統？這其實就是立法政策的選擇。

我還記得當年性侵改採非告訴乃論的時候，我是不太贊成的，我覺得這樣會讓很多的被害者身心過度負荷，因為她們協助檢察官去澄清事實、提供證詞，還得再面對法院的審理程序，雖然現在盡量減少二次重複陳述，可是有時候被告會主張交互詰問，最近釋字第七八九號的大法官釋憲，就針對警察筆錄可否作為證據提出合憲解釋，否則如果被告要求交互詰問，被害人還是必須到法庭上接受被告辯護人的詰問，過程中身心可能會受到很嚴重的傷害。這個議題呈現了權利跟權利之間的緊張關係，包括被告的權利、被害人的保護，以及雙方提出主張的權利，值得我們持續去關注。[9]

我明顯感覺得到，謝靜慧面對被害人無法視若無睹，是出自於深刻的同理，這是一位把「人」放在「法」前面的法官。那時我便打定主意，如果有機會，很想認識這樣的法官，瞭解她面對性侵害案件的思考路徑。

決定撰寫本書之後，透過朋友聯繫謝靜慧，她爽快同意接受訪問。本來聯繫她只是想確認訪談時間，沒想到她迫不及待便在電話裡談了許多想法，那日下著小雨，我人在外頭，一面撐著雨傘，一面慌慌張張掏出紙筆盡可能記下重點，狼狽極了。待正式訪談時，她滔滔不絕分享了更多深刻的經驗與感受，從下午五點半談到九點多，她一口水也沒喝，自然也錯過了晚餐。我頻頻表示抱歉，她溫暖說道，沒關係沒關係，我已經跟我先生「請假」了！

過去謝靜慧在高等法院任職近十年，承審過相當數量的性侵害案件，且頭幾年是在性侵害案件專股服務。「法律上要求我們要有一定進修時數，司法行政也設法滿足承審法官一些辦案工具，我自己辦案也會特別留意哪些問題值得被關注。可是即使如此，它根本性的困難一直存在，那就是**兒童或身心障礙者很需要專業工具輔助釐清事實，但是這些專業工具還沒有很健全地被發展出來，所以法官與檢察官必須在既有系統裡想辦法做出決定。**」

謝靜慧說，她決定受訪後首先浮現在腦海的，是一起小沙彌疑似遭集體性侵案：佛學院住持涉嫌趁洗澡或夜間睡覺時，藉故教導清洗身體或查看是否尿床，把小沙彌騙到禪房，強拉他們的手觸摸自己下體，或是在洗澡時以「促進性知識為由」，要求大家與他互洗下體，甚至有小沙彌被迫與他發生口交，被害人高達數十人。住持始終否認犯行，辯稱是擔心小沙彌不懂衛生，又不懂性知識才幫他們洗澡，自己絕對沒有逾矩。

二〇〇〇年，士林地檢署以妨害性自主罪嫌起訴住持，求刑十二年，一審與二審亦認定二十五名接受調查、從小二到國三不等的小沙彌有十人被性侵，判處住持十二年徒刑。到了二〇〇七年高院更一審適逢減刑條例實施，趁機猥褻及強制猥褻罪的部分刑度減半，改判十一年半徒刑，且需接受強制治療，更二審亦維持原判。到了更三審案情逆

9 〈二〇二〇金馬影展——《她的迴轉練習》司法講堂文字全紀錄〉，張少妤，二〇二〇年十一月八日，https://www.goldenhorse.org.tw/film/about/archive/related/1501。

轉改判無罪，理由是小沙彌彼此熟識，不是沒有串供的可能，且有小沙彌是逃跑被住持處罰，可能有報復的嫌疑，於是改判住持無罪。

「這個案子為什麼最後無罪確定？是取證過程經不起對證據資格的要求？或是證據力沒有到達嚴格證明的程度？都有可能。取證的時候，小沙彌是列隊接受詢問，前面跟後面彼此交談，可能證詞有受到汙染，」謝靜慧解釋給我聽，「等到我更二審的時候，距離案發已經有一段時間了，這時再問他們有沒有遭到性侵？有孩子在法庭上告訴我，的確有。我在那個審級透過證據法則，盡可能排除孩子前後歧異的說法，做了有罪判決，可是最後法院判決無罪，即使經過發回更審，經過幾次交互詰問，法庭之間的看法還是不太一致。」

謝靜慧以為，再多的卷證資料，都很難比得上眼見性侵害案件對被害人的影響，這也是直接審理最有意義的地方——透過案子直接接觸當事人，確認他們所說的事情是怎麼發生的？哪些可以認定為事實？尤其關於具體情節的描述，都會影響法官的判斷。「我為什麼舉這個例子？這是一個我在更審時判定有罪，後來被改判無罪的案件。雖然事發時我不在現場，可是我永遠不會忘記，法庭上那些孩子的神情……」謝靜慧緩緩說道，「從這個案子我得到一個心得，就是法庭透過審案，尤其是確定的無罪判決，必須經過證據調查及正當程序，透過評議的過程形成心證，它必須建立在結構的基礎上，例如檢察官取證時的合適性，能不能經過事後檢驗，就很重要。不過最難的還是前面的事實認定，目前似乎沒有一個讓大家都覺得ＯＫ、適用在每一個案子認定事實的方法。」

法官認定事實或有原則可循，但沒有ＳＯＰ，被害人的回答若有不當誘導或錯誤暗示，不僅難以還原事實，還可能弄錯偵辦方向。過去已有專家協助檢警與審判機關詢（訊）問弱勢證人的案例，但多半只是個別式的參與，直到二〇〇〇年高雄市性侵害案件專業團隊發展出早期鑑定制度出現系統性的做法。二〇一五年《性侵害犯罪防治法》增列第十五條之一，規定兒童或心智障礙被害人在偵查或審判階段的詢問，應由受過訓練的專業人士負責，正式將司法詢問員制度引進實務工作，才有了制度性做法以解決這類難題。

司法詢問員是應用司法心理學的原理，讓檢警及司法人員透過跨領域的學習，瞭解兒童身心發展或智障者的語言特性，在進行詢（訊）問前必須與兒童建立關係，安撫情緒並取得信任，藉由詢（訊）問前的評估，瞭解兒童回答問題的能力與理解範圍，盡量不以艱深的字眼或過長的句子發問，使用他們懂得的語言提出開放式問題，讓他們的聲音在偵查與審理過程中能被聽見。謝靜慧認為司法詢問員制度的立意甚佳，但在實務上並未完全發揮應有的功能：

「法庭上不能憑感覺判案，必須要有強而有力的證據，所以承審時我們很希望運用專家來協助。如果他們在檢察官偵查階段就進來，會很有幫助，如果是到了審判過程才進來，會很麻煩。美國的司法詢問員是協助檢察官取證，避免證詞被汙染，確保證詞的可信度。可是臺灣在偵查過程中沒有用得太多，反而是在審判過程中質疑被害人的證詞受到誘導，這麼一來反而讓證詞無法通過取證的正當性。當有利的證據反而被質疑正當性不足，等於是讓被害人失去了事實被確認的機會！」

謝靜慧拿出一疊事先整理過的案例向我揚了揚，說，這些都是近年來被專家認定證人證詞不可靠，最後被判無罪的性侵害案件，「很多案子因為兒童的說法被認為是誤導或汙染，證據力跟信用性沒有辦法被維持，所以就被判無罪了，而且這樣的比例不算低。所以我一直覺得專家不應該那麼晚才進來，就是這個道理。檢察官好不容易完成取證，因為取證瑕疵通不過審查，這對被告當然有好處，但是對被害人情何以堪？」

謝靜慧認為，整個刑事司法的重點在偵查，司法詢問員應在這個階段就進來協助檢察官取證，確保弱勢證人供述的證據能力。目前檢察官使用司法詢問員的不多，她認為是辦案時間與預算不足，[10]「當然，這裡可能還有城鄉差距的問題，不過既然是制度，不是殘補式的做法，只要是法制能施行的地方，不是離島或特別偏僻的地區，都應該盡可能得到服務。在我的印象中，花東地區就做得不錯，所以我想有時不是地區的關係，而是主事者、尤其是負責偵查部分的檢察官。」

「所以這是『人』的問題，而不是『法』的問題？」我問她。

「我覺得你講對了。制度只能設計框架，怎麼樣培力，讓適合的人在那個位置上表現出那個位置的價值，去維護被害人的權益，這是主管機關的責任。瞭解什麼時間點去邀請司法詢問員或心理師、精神醫師、社工等專家證人，[11]這些必須要有清楚的架構。有些事情是檢察官與法官的權責，不能全部交給專家來決定，這樣才能一方面嚴守無罪推定的原則，維護被告的權益，一方面不讓被害人在報案或取證過程造成失誤，讓事實無法被確認。」

此外，司法詢問員缺乏足夠的實務經驗，也是個問題。

「有一次我在高院審理性侵害案件，感覺司法詢問員對刑事司法流程很不熟悉。這位司法詢問員是心理諮商師，大部分是受家暴中心跟性侵害防治中心委託做被害人心理治療，我們問她，有沒有在刑事法庭擔任過司法詢問員？她說這是第一次。我的疑問是，如果她沒有相關經驗，對整個司法流程並不清楚，又沒有經過相關training（訓練），

10 還有一個可能原因是，多半司法詢問員都是兼職，有時即使辦案單位有需求，在時間上也很難配合。

11 根據《性侵害犯罪防治法》第十六條之一：「於偵查或審判中，檢察官或法院得依職權或依聲請指定或選任相關領域之專家證人，提供專業意見，經傳喚到庭陳述，得為證據。」這裡「專家證人」是指該領域學有專精的學者、具豐富經驗的臨床工作者、或是該領域具相當經驗的人。

她清楚知道自己的角色是什麼嗎？她能不能瞭解這跟她本來做的心理治療有什麼不同？心理諮商是要同理、相信證人，可是司法詢問過程不是心理諮商，甚至是要質疑證人，像她這樣到底ＯＫ不ＯＫ？」

溫翎佑、黃翠紋的〈臺灣推動性侵害司法詢問員制度之現況與展望〉也提出同樣疑問。該文指出，衛福部是《性侵害犯罪防治法》主管機關，但對司法詢問內容不熟悉，也不瞭解檢警及審判機關的真正需求，推出司法詢問員制度之前未做系統性、規模性的調查，像是人才具備的專業能力是什麼？需求案件的量有多少？各縣市是否有不同人才需求？此外，衛福部不要求特定專業背景及司法詢問經驗，只要經過三十二小時培訓，通過衛福部實務檢核考試，即可進入人才庫從事司法詢問工作，這樣的培訓方式，是否能培訓出檢警與審判機關需要的專業司法心理人才？[12]至於司法詢問員的訪談是否特別可信？他們的身分是證人、鑑定人、還是通譯？他們的當庭證述及書面報告，在司法上具有什麼樣的地位？目前尚無一致看法。

司法系統希望藉助專家證人，自然是要借重他們在科學、技術與專門知識上的專長，協助法院釐清真相。但是要如何確認他們的適格性？他們的權責範圍又是什麼？

過去美國有「佛萊準則」（Frye Standard），這是一九二三年美國哥倫比亞地區聯邦巡迴法院在審理佛萊案（Frye v. United States）所確立的，也是美國聯邦法院最早用來判斷專家證人[13]證詞的標準。佛萊因涉嫌二級謀殺罪，他通過了某種血壓測謊，律師想以此證明被告無辜，主張應請專家證人到庭證明這種測謊是科學的。法院駁回律師請求，理由是這種血壓測謊原理並未得到該領域專家「普遍接受」（general acceptance）的程度，仍維持被告有罪的判決。

佛萊準則確立了美國法院對科學證據普遍接受的原則，但它的適用性亦遭到不少批評，例如是誰決定什麼科學原則已獲普遍接受？標準何在？也有人認為以普遍接受取代對證據可靠性和有效性的分析，反而讓可信任的證據變得無法使用。一九七五年，美國國會制定《聯邦證據法》（*Federal Rules of Evidence*），就聯邦法院適用的證據法則進行概括性規定，但未明文表示接受或反對普遍接受原則，法院是否應適用這個原則，始終爭論不休。

一九九三年，美國聯邦最高法院在道伯案（Daubert v. Merrell Dow Pharmaceuticals）時推翻普遍接受原則，認為聯邦法官對鑑定證據具有審查義務，必須確認專家證人符合資

12〈臺灣推動性侵害司法詢問員制度之現況與展望〉，溫翎佑、黃翠紋，《刑事政策與犯罪防治研究專刊》第二十一期，頁七至八；頁一七，二〇一七。

13 英美法系國家的專家證人，有點類似臺灣的鑑定人制度，可由檢辯雙方或法官聘任，向陪審團提供專業方面的見解，跟臺灣《性侵害犯罪防治法》中的專家證人不盡相同。

格，檢視他們的意見及推理是否具備科學的效度與信度，同時是否與待證事項具有關連性，不可將證據的可信度全交由專家證人決定。從此「道伯準則」（Daubert Standard）讓聯邦法官成為「證據的守門人」，負責評估專家證人意見的可信度，不讓不可靠的專家證詞提交給陪審團，畢竟決定證據是否能進入法庭的不是專家證人，而是法官。

謝靜慧舉了《無罪的罪人》中提到一九九四年士林地院的某判決，我才知道，原來當年那件案子正是她承審的。案情大致是這樣：媳婦控告公公指侵她未滿三歲的女兒，最後法院判處被告無罪，理由之一是精神鑑定結果認定被害兒童有PTSD，而導致PTSD的原因是遭受性侵害；但這樣的鑑定結論，恐怕已超越法院囑託的鑑定範圍了。她回憶說：

「為什麼法官要囑託醫生進行PTSD的鑑定？因為法官也希望有專家告訴他，被害的孩子說的是不是真的。這裡出現一個問題，到底心理師、精神醫師在性侵害案件的角色是什麼？他們能夠認定性侵有沒有發生嗎？法官是不是把不該囑託的東西囑託出去了？他們是可以評估被害者的身心狀況，但事實的認定應該由法官自己判斷，而不是讓別人提供答案……有些問題是法官自己要面對的。」

「你的意思是，法官不該過度依賴科學證據及專家證人的說法？」我問。

「對對對，**專家可以提供專業協助，但事實的有無必須由法官依證據判斷，心證形**

成的權責是專屬法官，」謝靜慧一再強調，「美國聯邦法院的道伯準則就設有一些基本門檻，那就是科學證據必須是能被測試、是可以重現的，或是要接受專業同儕的審查，它的操作有標準程序，可信度或誤差率也具有一定可知性。但是臺灣專家證人與司法審判之間的關係是什麼？它們的角色、分工與任務又是什麼？這些問題都沒有釐清，很容易造成問題。」

她以轟動一時的唐台生性侵案為例解釋給我聽。一九八六年，牧師唐台生被控利用職權性侵女信徒，他慣用的手法是以「輔導」為名關心女信徒生活，進而再進行猥褻或性侵，若是對方抗拒，便以透漏隱私要脅，甚至利用小組長進行遊說，以同儕力量排擠不服從的女信徒。

檢察官委託勵馨基金會邀請資深心理師、精神醫師等組成五人小組，評估被害人的身心狀態是否能提供有效證詞，以及證詞是否構成專業認定「強暴」的標準，最後認定被害人受創屬實，說法應該可信。一審與二審均判唐台生有罪，到了更二審卻推翻前審的認定，並拒絕傳訊專家證人到庭說明鑑定結果；至於五人小組的評估報告，則被認為「不足以作為犯罪事實有無的依據」，改判唐台生無罪。[14]

14 判決原文：「關於某特定證人證言其證明力高低之評估報告，其對犯罪事實之證明力，自不得超越該這樣的判決當然引發不少議論。然而五人小組的意見是否僭越了專業，跨界到進入另一個專業領域提供意見？這樣的推論與結論是否符合科學原則？法官如果知道取得證據的方法可能有問題，這樣的證據到底能不能用？

「高院二審為什麼這麼判？他們認為專家證人只能就被害人身心狀況做生理描述，例如是不是有PTSD，但無法告訴法官這些身心反應是誰造成的，這兩個是有boundary（界線）的。法官必須清楚掌握專家證人的知識背景與局限，如果專家證人的專業是精神醫學，只能就這方面請教他們的意見，不需要問跟司法相關的問題。如果他們回應了法律問題，超過了專業判斷餘地，我們就會認為是踩線了。專家證人也要瞭解自己的角色，他們要做的是被害人身心狀況診斷，不是證明被害人證詞是否可信。我聽過精神醫師說，他鑑定過五十個小孩的證詞，肯定他們百分之百都沒有說謊。我聽了很擔心，他是哪裡來的自信？有時專家也不是故意踩線，只是很熱心，知道法院缺少什麼證據，就想辦法提供，但證據與事實之間的關連性是什麼？我認為還是應該由法官來判斷。」

謝靜慧總是不慍不火，扎實穩健，工作自有她的邏輯與節奏。不過面對性侵害案件，她坦承心理壓力總是特別大，因她無法百分之百確認事實是什麼。

「我們最大的困擾，就是如何以手上有限的證據去還原事實真相，而且這些證據是需要挑選的，要有一定證據資格的。我常跟學習司法官（剛完成司法官考試、通過司法官學院的新生代法官）分享說，什麼是證據能力？我們買來的菜要經過挑選，先做一個分類，把不好的菜挑掉，挑好剩下再放入鍋子炒。證據資格也是這樣，不是所有證據統統放進去，而是要經過證據能力的審查，符合的才能放進去，而且處理過程不能受到沒有放進去的證據影響。為什麼國民法官要採「起訴狀一本」，[15]「卷證不併送」？[16]因為心證的形成很容易被其他東西影響，而且你自己都不知道。尤其是性侵害案件，它跟你本身的性別、成見、對性的看法都有關係，可是我們又必須去詮釋這件事，真的很不好辦。」

證言本身，故犯罪事實有無之認定，自亦不得捨證人之證言而就該證言之評估報告」「法律專業領域與心理精神專業領域，各對『強暴』概念之認定標準實不相同，法律專業與心理精神專業範疇，各自有其獨立之界線……尤不能以心理精神專業認定『強暴』標準如何，即斷定法律專業上『強暴』之標準必如何。」等於是否定了五人小組的判斷。

15 日本刑事訴訟法名詞，就是「一張起訴書」的意思。檢察官在起訴刑事案被告後，不將被告犯罪證據附在法官審理的案件卷宗裡，而是在公開審判時才提出來，檢察官及被告辯護人各盡其職，再由法官依雙方提出的證據形成心證做出裁判。

16 起訴時檢察官不將卷證（含偵查紀錄與證據物）連同起訴書一併送交法院的制度。

「拿孩子供述前後不一致來說好了，難道一定要前後一致，才能相信孩子的說法嗎？他們年紀那麼小，事情發生那麼久了，每個人的問法又不一樣，拿說法不一致來質疑他的說法是否可信，我是有疑問的。就算孩子被誤導好了，難道被誤導所說的話，就百分之百都不是真的嗎？我認為辦理兒童性侵案有很多『原則』，但沒有標準答案，沒有SOP。我們常講要符合兒童最佳利益，到底什麼是符合兒童的最佳利益？這需要很多資訊才能判斷。」

四個多小時的訪談裡，謝靜慧多次提及一起智障女性侵案，想來是令她特別揪心，才會反覆訴說：智障女性T懷孕了，家人指控是F性侵她，檢察官也起訴了F。事後他們發現，T的性關係並不單純，有的是自願，有的是被迫。沒錯，F是她肚裡孩子的爸，但是F與她的關係是性侵？還是合意？至少從T的回答中很難確認。

「她除了智障，還有聽障，口語表達能力有限，又不太會手語，溝通起來非常困難……天啊，我們要怎麼理解她說了什麼？我感覺她很努力透過肢體語言想說，她是喜歡被告的，被告並沒有傷害她，真正傷害她的另有其人，可是她說得不清不楚，檢察官又指證歷歷，最後還是起訴了被告。我們請她哥哥設法去找加害人，也請警察四處查訪，可是就是沒有結果……」謝靜慧微微皺起眉頭：「我記得交互詰問開了好幾次庭，一直想弄清楚她到底想表達什麼，還請了手語老師幫忙，可是我們連想確認她說了什麼都做不到，怎麼拿來當作證據？性侵害案件最後能不能判有罪，必須蒐集足夠的證據，證據又必須經得起嚴格的證明，所以不起訴的很多，我們也很無奈。被害人經常覺得起訴率太低，判決太輕，可是證據就是不夠啊，總不能有人提告就起訴、判決有罪吧？」

我提起不少人跟我抱怨，法院將舉證責任放在被害人身上，又百般挑剔說詞，對被害人很不公平。謝靜慧稍作躑躅，做了這樣的解釋：

「**我們不是不同理當事人，而是尊重刑事司法運作的中立性。覺得被告要判有罪才是還被害人公道，這是不瞭解刑事司法有它的可能與限制，不能期待法官一定要做出有罪判決，好像不判有罪就是『恐龍法官』，這是部分民間團體的說法。**犯罪事實的認定要有證據做判斷，大家應該要有這樣的基本認識。目前司法系統還沒有那麼熟練的跨領域整合，有時不同專業之間不是彼此分工，反而是對抗，這就好像要跳恰恰，彼此還沒找到適合的舞步，還在嘗試、磨合的階段。」

既然性侵案的主體是人，若要改變既有的問題，就必須先看見人的面貌，唯有人的面貌具體化了，彼此才有共同溝通的可能。謝靜慧分享她的經驗：

「我們見過被害人身心受創很嚴重，在法庭上進行交互詰問到一半崩潰，怎麼辦？交互詰問是憲法給予被告的權利，被告當然希望能問出對自己有利的證據，可是被害人的狀況不好，根本問不下去，只能等她情緒恢復。被害人不是機器人，加了油就可以繼續上路，兩次交互詰問庭她的狀況都很差，沒有辦法陳述，辯方律師就說，她一定是裝的……」謝靜慧又微微皺起雙眉：「任何證據調查都不能違反人性，被害人就是已經沒有辦法承受調查了，你還要強迫她忍受身心壓力繼續問嗎？這樣的司法也太過頭了。任何制度都有應然面與實然面，我們希望過程很順暢，但就是問不下去啊！所以我們跟被告說，如果你還是要行使交互詰問的權利，就只能等，沒有別的辦法。」

謝靜慧相信，性侵害案件最重要的是被害人的保護，就算沒有起訴，也必須關注他們的身心復原。她以為**尋找性侵害的正義，不在於高起訴率或高定罪率，而是應該從被害人的角度思考，到底該怎麼做對他們最有利**：

「一九九九年性侵害改成非告訴乃論，我是不同意的。為什麼？一個人遭到性侵，我們完全不詢問她的意願，就直接讓她進入司法訴訟程序，成為國家定罪的證據，可是我們能為她做什麼？因為採非告訴乃論，國家所有資源與焦點都局限在刑事司法上面，目標是如何能讓訴訟成功，有罪率可以達到多少，卻沒有尊重當事人的意願，判決結果又未必能解決問題，一切後果讓當事人自己去承受，法官也會陷入很大的糾結。所以在我看來，**刑罰本身是一種不得已的、最後的手段，真正應該傾全力做的，是設法做好前面保護被害人這一塊，而這方面司法能做的，我認為相當有限。**」

司法判決是社會公約，不是絕對公平或絕對正義。沒有人可以全知的角度觀看案件，法官也只能透過事後證據去拼湊當時狀況，再加上性侵害案件的審理所帶來的情緒張力以及社會輿論壓力，更加深了他們判決時的挑戰。

每個人都是帶著個人濾鏡在看判決內容，帶著個人的期待要求判決結果。可是判決要有事實作為基礎，事實基礎來自於可信的證據，至於什麼是可信的證據？證據要到什麼程度才能判有罪？這裡還有太多問題值得繼續探索。

十、不完美的正義

確認事實，永遠是判決最為艱難之處。

任何一件刑事案件，都不是在法庭上公開發生的，事實真相為何，沒有人敢打包票，法官只能依靠證人說法及相關事證，推測事實是怎麼回事。至於證據的可信與否，就算有專家鑑定協助把關，也可能因解讀偏差而造成謬誤，期待判決百分之百正確無誤，是不可能的事。

「法院不是發現真相的地方，法院，只是一個用所蒐集的證據來判斷被告是否有罪的地方。」描述性騷擾嫌疑人被迫認錯，以換取結案的日本電影《嫌豬手事件簿》片尾這句話想說明的，是個十分基本、卻很難被接受的觀念，那就是：判決無法反映絕對的事實，只能反映證據是否足以判定被告有罪。

如果判決不能反映事實，難道真相不重要嗎？

真相當然很重要，正因為重要，所以刑事訴訟的目的就是「發現實體真實」。什麼是「實體真實」？「發現實體真實的完整意義是『毋枉毋縱，開釋無辜，懲罰犯罪』，並不能將之片面理解為『有罪必罰』。」[1]當公權力要剝奪一個人的生命、財產、自由或其他權利之前，都必須超越合理懷疑（reasonable doubt）證明他確實犯了罪，這是保障每個人的基本人權，也是避免國家任意陷人民於罪的重要機制。只可惜一般常忽略**「發現實體真實」除了懲罰犯人之外，還必須減少冤枉之人被判有罪的可能，所以我們不該選擇「寧可錯殺一百，不可錯放其一」，而是選擇「寧可錯放一百，不可錯殺其一」，因為前者必須付出的代價太大也太高了，沒有人付得起。**

或許有人會問，那麼法律到底在保護誰？是被害人，還是加害人？

就國家角度而言，每個國民都應該被平等對待，不能有所偏廢，法律保護的是相對關係，而不是絕對關係，不能、不該、也不會偏袒特定人士。只是現實比想像中要來得複雜，誰有罪？誰無罪？誰是被害人？誰是加害人？不容易判斷事實，處於灰色地帶的性侵害案件的判決容易引發爭議，原因就在這裡。

二〇一七年歐美#MeToo運動如火如荼展開之際，香港體操選手呂麗瑤在臉書上承認她十四歲時遭田徑教練性侵一年。為何她選擇在社群媒體公開，而不是到法院提告？因她深知事隔多年舉證困難，唯一伸冤的方法，就是公開自己的經歷。這也是歐美

#MeToo興起的原因，它反映的是性暴力受害者不相信司法制度能伸張正義，只得訴諸媒體輿論為自己討公道。此事在香港特首林鄭月娥及各界人士關注之下，檢警主動介入調查，起訴了年逾七十歲的退休教練，最後法院以呂麗瑤「供述前後不一」、「內在矛盾」、「事後仍與被告保持親密關係」等原因，裁定教練性侵的罪名不成立。

就性侵害案件來說，這樣的判決並不意外，倒是法官練錦鴻的發言很值得注意。他說，他相信呂麗瑤公開此事，不是為了報復或個人利益，不論裁決是否如她所願，她無懼社會壓力和公眾注目挺身而出，已是極為值得讚揚的行為。可是為了避免冤案出現，基於無罪推定審理原則，法院只能判定無罪，練錦鴻說：

「法庭的運作及邏輯與社會運動並不相同，只會根據證據裁決，不會受當事人挺身而出及社會大眾意向的影響。法庭不是推動社會運動的地方，每一個決定必須依據證據而做出，罪名成立與否，必須考慮證據是否達到毫無合理疑點。判決並非反映事實，更不希望裁決結果對往後的#MeToo運動帶來任何負面影響。」[2]

「法庭的運作及邏輯與社會運動並不相同」是什麼意思？我認為練法官是在表明，

1 見《刑事訴訟法總論篇》，林鈺雄，元照，二〇一三。
2〈官稱依證裁斷或未反映事實　讚揚事主無私指證〉，林樂兒，《香港01》，二〇一八年十一月十六日。

#MeToo運動固然有其清楚訴求，並形成一定輿論壓力，但訴求就只是訴求，未必能提供具體解答，法院不能、也不會因此而降低有罪門檻。法律有其基本價值，不能偏廢，為了不殃及無辜，法院不可以在有任何疑慮的情況下，判處被告有罪。他說「判決並非反映事實」已顯示他的態度，就是被告無罪只是證據不足，未必是呂麗瑤說謊，所以他「不希望裁決結果對往後的#MeToo運動帶來任何負面影響」。這番話不僅點出了司法的有限性，也呼應了#MeToo運動的初衷——被害人公開現身發聲，喚起各界關注性犯罪，以彌補司法的限制。

無罪推定是國際公認的刑事訴訟基本原則。《刑事訴訟法》第一五四條第一項：「被告未經審判證明有罪確定前，推定其為無罪」，目的在於保護每一個人，不需要證明自己無辜，因為一個人做了某件事，或許可以提出證明，但要證明一個人沒做某件事，是不可能被證明的，所以制度上不要求被告證明自己無辜，而是要求檢方進一步舉證，只是這樣的概念與多數民眾素樸、直覺的「正義觀」相左。法官只是人，既有著屬於人的義憤填膺，也有著屬於人的悲憫同情，必然存在著判斷的盲點與缺陷，除非司法制度或判決原則有重大改變（例如性侵害案件一律改採有罪推定，這也是部分激進主義者提出的論點），否則就算更換任何學富五車、道德高尚的人坐上法官的位子，也未必能做出更高明的裁決。

美國最高法院大法官霍姆斯（Oliver Wendell Holmes, Jr.）曾說：「法律的生命不是邏輯，而是經驗。」這句話常被拿來批評判決（性侵案）被告無罪的法官，認為他們是不食人間煙火的「恐龍法官」。我認為霍姆斯的意思並不是指經驗比邏輯重要，而是認為判決除了必須符合合嚴謹的邏輯推演，更需要扎實的經驗輔助，這裡所說的「經驗」不是指法官的日常經驗，而是反映公共政策、時代需求、道德價值等人類集體經歷的總和。霍姆斯期許的司法過程，不是機械性地套用原則理論，更不是單憑執法者的個人經驗，而是一個邏輯與經驗交互辨證的過程，二者相輔相成，不可偏廢。

理論上，刑事訴訟的程序設計是嚴謹的，每個環節都設計了保險：警察詢問出了問題，有檢察官擔任守門員；檢察官提出的證據是否充分，有審級制度負責把關，後面還有再審及非常上訴等救濟程序。但是沒有人可以保證自己不會犯錯，就算每個執法者盡可能縝密地蒐證、耐心地偵查，照理說冤案是不該發生的，但它就是有可能發生。這是現實，也是無奈。

現行做法不是沒有討論的空間，像是性侵害案件是否要採取非告訴乃論？減述作業為何形同虛設？執法者何以陷入「完美被害人」迷思而不自知？都必須衡量諸多因素與細節，檢討是否有調整的必要。任何法律或制度要落實，就必須折衷協調，它們的可行性很重要，通不過可行性，再崇高的理想也是無用。每起性侵害案件的情況都不相同，無法一概而論，期待處理性侵案能建立一套簡單有效的判決公式，或是放諸四海皆準的證據標準，無異是緣木求魚。

法律試著在每個人自認的正義中找到平衡點，這個平衡點不可能滿足所有人。就像死刑要不要廢除？安樂死該不該存在？這樣的辯論始終莫衷一是，支持者各自擁護信念，很難說服彼此。但我總以為，沒有程序正義，就沒有實質正義，法院只接受合乎法律邏輯的證據，證據不足，就無法判處有罪，畢竟正當法律程序與無罪推定原則，才是刑事訴訟的核心，至於被害人的經驗與感受，很遺憾的，那是法院不能、也無法處理的範疇。

這個世界是不完美的，在不完美的世界追求正義，除了需要勇氣，更需要包容。面對性侵害案件充滿不確定的真相迷霧，不同專業者看到的可能是截然不同的故事，這樣的不同未必是二元對立、是非對錯的問題，只是顯示了彼此觀念及角度的差異。若是雙方無法辨識對方的善意，只站在自己位置發言，既不參照其他說法，也不願打開聆聽與對話的空間，最終受傷的永遠是兩方——無論是指證歷歷，卻無人相信的被害人，或是拚命喊冤，卻備受質疑的無罪被告。

無論是眾聲沉默的性侵案，還是被迫消音的性侵冤案，都是在性（侵）是羞恥、見不得人的禁忌文化之下，讓「不可說」本身製造出驚人的黑暗與混沌，掩蓋了被害人向外吶喊的求助，無辜者渴望平反的聲音，以及所有牽涉其中親友的傷痛。但願每個人都可以反躬自省，也願意側耳聆聽，瞭解這個議題的複雜程度，認知到個人所知的限制，提醒自己保持願意修正的態度，讓不同角色的痛苦可以被聽見，透過不斷的思辨與說理，才能往解決的方向跨一步。

這是一條漫長而遙遠的路，但仍值得我們努力嘗試。

無罪推定的道德意義

李茂生，臺灣大學法律學院教授

二〇一九年的時候，作家陳昭如女士寫了一本書，名叫《無罪的罪人：迷霧中的校園女童性侵案》。我被邀請寫了一篇推薦文。當我看完這本書後，覺得許倍銘老師被司法視為狼師一事，真的有冤屈存在，從法律的觀點而言，這應該就是一件冤罪。事實上，辯護律師、民間司法改革基金會、冤獄平反協會等也曾協助許倍銘老師平反冤罪，然而在包含再審與非常上訴的手段都用罄後，仍未能得到司法的青睞。二〇〇八年發生的案子，在歷經地院、高院、最高法院發回、更審、最高法院駁回等五個司法審級，最終於二〇一三年定讞。二〇一七年許倍銘老師聲請再審遭駁回，提出抗告亦無功而返。二〇二〇年監察院通過調查意見，鑒請法務部研議再審，然而同樣也沒得到善意的回應。如今，在冤案救援手段已經全無的現在，許倍銘老師也已經放棄逃亡而投案入監服刑。不過，問題是不會就此了結的。

平反的運動不會因此而結束，但是方向上除了個案救援（平反與刑事補償）外，應該會有所轉變，變得更加擴大。為何在女童母親、婦幼隊女警、社工、學校性平會諸多誘導下的八歲中度智能障礙女童（心智年齡大約三歲）的證言會被採信，為何在除了被害人證言之外，毫無任何可信的客觀證據的情事下，被告會被定罪？這類的事情會不會反覆出現？如今的司法制度有無任何防止類似事件再度發生的改革？如果有的話，這些改革是否能夠發揮作用？

正如作者陳女士於本書一開頭所說明的，在寫完《無罪的罪人》這本書後，她受到無數的非難，說她在評論這個案子時，對處於弱勢的被害女童沒有同理心，反倒是替邪惡的加害人推卸責任。雖然作者沒有講明，但這個「破題」正就是本書的核心所在。民眾、專家或甚至司法人員若有這種「狼師」情結的話，不僅是協助司法的專家，連司法本身都有可能會被「汙染」。問題是社會氛圍或輿論如果不留個空間給專家以及司法的話，未審先判或偏頗的司法判決，則可能無法避免。

司法的判決本來就不是為了解決問題而設計出來的。憑證據認定事實的有罪判決無法解決問題，同時因無證據無法認定事實的無罪判決也無法解決問題。關鍵點是有罪的判決可以解決民怨。若是為了撫慰民怨，而犧牲了無罪推定的司法原則的話，那麼不僅是可憐的被害人無法得到拯救，連被視為加害人的國民也會變成可憐的人。許倍銘老師或許就是其中之一。

二〇〇八年之後，司法在證據法則方面有了長足的進步。舉凡指認、測謊到偵訊輔助娃娃、PTSD的運用限制，或二〇一七年成立的司法詢問員制度等，司法的面貌在在與許倍銘老師第一次接觸到司法時的情境截然不同。但是這些改變都無法轉變許倍銘老師既定的命運。多年來，許多人包含許倍銘老師本身在內，都根據新的研究所得向司法提出質疑或懇求，但司法仍舊是拒絕了這些要求。

或許這些新的研究所得或鑑定，不像DNA的證據，一翻兩瞪眼，根據錯誤的DNA鑑定而定罪的案件，可以透過新的科學鑑定而翻案，但是事關供述、心理等的科學證據，則可能必須看解釋的方向而決定其效用。在許倍銘案中，很明確地可以看出司法是偏向於不利被告的詮釋。中度智障的小朋友是被誘導的，抑或縱然是中度智障，小朋友是不會說謊的。這是兩種截然不同的評價，而司法在一番拉鋸後，選擇了後者。對我而言，這就是有罪推定。那麼，為何在這類的案子中，司法會偏向於有罪推定？除了我在陳昭如女士的前一本書《無罪的罪人》推薦文中所說的「狼師情結」外，白玫瑰運動後司法對於「恐龍法官」非難的嫌惡與排拒、若翻案即等同於責難二〇〇八年從事偵訊的人員以及被害女童母親，甚至於是對女童本身的譴責。這些都可以拿來說明司法偏向的緣由，但同時也是對於司法人員的「有罪推定」，相信牽扯在內的司法人員應該會覺得非常不舒服。

無罪推定不是一個法律的判斷，而是一種深層的道德抉擇。特別在你綜合所有相關資料，個人相信被告有罪，但卻無法律許可的充分證據足以定罪時，這個道德的決斷才是真正的「判決的艱難」。與民眾站在同一邊，不僅是個亮麗的口號，另一面也是使得司法能夠輕忽艱難進而輕易地推卸責任、避免責難的破口，若不慎處理，甚至會讓司法沉淪。

春山之聲　O40

判決的艱難

兒童性侵的爭議與正義

作　　者　陳昭如
總 編 輯　莊瑞琳
責任編輯　吳崢鴻
行銷企畫　甘彩蓉
封面設計　蔡南昇
內文排版　藍天圖物宣字社
法律顧問　鵬耀法律事務所戴智權律師
出　　版　春山出版有限公司
地址：11670 台北市文山區羅斯福路六段297號10樓
電話：02-29318171
傳真：02-86638233
總 經 銷　時報文化出版企業股份有限公司
地址：33343桃園市龜山區萬壽路二段351號
電話：02-23066842
製　　版　瑞豐電腦製版印刷股份有限公司
印　　刷　搖籃本文化事業有限公司
初版一刷　2022年9月

定　　價　新臺幣380元

填寫本書線上回函

Email　SpringHillPublishing@gmail.com
Facebook　www.facebook.com/springhillpublishing/

國家文化藝術基金會
National Culture and Arts Foundation
TAIWAN FOUNDATION for DEMOCRACY 財團法人臺灣民主基金會　www.tfd.org.tw
台灣冤獄平反協會 TAIWAN INNOCENCE PROJECT　twinnocenceproject.org

國家圖書館出版品預行編目資料

判決的艱難：兒童性侵的爭議與正義/陳昭如著.
-- 初版. -- 臺北市：春山出版有限公司, 2022.09
面；　公分. --（春山之聲；40）
ISBN 978-626-96129-9-4（平裝）

1.CST: 性犯罪 2.CST: 性侵害 3.CST: 判決

548.544　　111012757

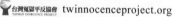

All Voices from the Island

島嶼湧現的聲音